すぐ「できる人」になる習慣術

自分を変える7つのスイッチ

東京堂出版

はじめに――「すぐできる人になる習慣」って、一体何？

……あなたはちゃんと、「やりたいことができる人」になれるんです

やりたいけれど、できない……。

そんなことが一つや二つ、あなたにもあるのではありませんか？

何年も前から想像している、自分の仕事を大きく変える計画。

実現させたい、自分自身のアイデア。

そのほかに、「あの人とこんなことをしたい」とか、「こういうことに参加してみたい」とか、「上司に思いっきり抗議したい」とか、「いっそこの会社を辞めてしまいたい」とか……。

始めたいこと、試してみたいこと、努力してみたいこと、経験してみたいこと、変えてしまいたいこと……。考えれば考えるほど、たくさん出てきますよね。

実をいうと人間は、「できないこと」は、「やりたい」と望まないようにできているんだそう

です。

ということは、「やりたい」と思ったことは、たいていは「努力次第ではできる」ということになります。

ライト兄弟は飛行機を発明して、人が空を飛んで移動できるように世の中を変えようとしました。

スティーブ・ジョブズは、コンピュータという機械を個人が使うものに変えようとしました。

坂本龍馬は、武士の国だった日本を、世界に開かれた先進国に変えようとしました。

いずれも「不可能」と考えられていたことですが、当人たちには「それらは、できることだ」という確信があったのでしょう。

だっていずれも、いまから見れば「実現できていること」なんですから。

「できている」以上は、「可能にする方法」がやはり存在していた。「不可能なこと」と考えていた人たちのほうが、間違っていたわけです。

つまり、私たちの「やりたいけど、できないこと」も、必ず実現できることなのです。

「できない」と考えるのは、私たち自身が「間違っている」ということ。

だったら、やればいいのです。なのに、できない……。

それは一体、なぜでしょう？

他の人にはできるかもしれないけど、自分は「できるだけの力」を持っていない。つまり、「自信がない」ということ。

頑張ればできるかもしれないけど、やり続けるだけの根気は自分にない。つまり、「根性がない」ということ。

実現するには、反対するだろう会社とか、上司とか、世の中の慣習とか、いろんな壁を乗り越えなければならない。そこまでの強さは自分に持てない。つまり、「勇気がない」ということ。

ああ、確かにそりゃそうだ。

私も他人のことは言えないかもしれない。私たちは誰も、ライト兄弟やジョブズや坂本龍馬ではないんです。

そんな大した人間ではないのだから、「できないことは、できない」で、いいじゃないか。

ムリすることは、まったくないだろう……。

でも、「ちょっと待てよ？」なんです。

周りを見れば結構、「自分のやりたいこと」を実現させている人はいるのです。

なんとか自分の望んでいた会社をつくりあげたり、「できない」と言われていたビジネスを成功させたり。なんだか「面白いことをやっているなあ」と感じます。

では彼ら彼女らが、自信満々で、ものすごい根性を持った人で、ライオンとでも闘うような勇気を持っているか……といえば、そうでもありません。

やっぱり、ごく普通の人。

ごく普通のレベルから努力して、望みを実現させているのです。


では、何が違うのか？

答えは「能力」や「性格」でなく、「習慣」と「思考」にあるのではないか……というのが、本書の結論なのです。

考えてみれば私も「できる人研究家」という形で、多くの人と会い、多くの人と仕事をするなかで、いつのまにか会社をつくり、本を書く人になっていました。

何か努力した覚えはない。でも、たぶん、たぶんですが、いつのまにか、それをしたのでしょう。

しかも根性やら自信やら勇気やらが身についたかといえば、まず確実にそんなものは持っていない。

変わったとすれば、やはり「習慣」であったり、「思考」の部分なのです。

そこで本書は、そうした「習慣」や「思考」を皆様にお届けするための本。

みなぎるほどの自信に溢れ、どんな苦境にも耐え抜ける不屈の根性を持ち、一人であらゆる敵を蹴散らせるような人……には、本書は必要ないかもしれません。

そうでないけれど、それでも自分が望むことを実現したい……という人には、本書で述べていることは非常に役に立つことと確信しています。

二〇一二年九月

夏川賀央

すぐ「できる人」になる習慣術 ● 目次

スイッチ●1　「大丈夫！」を習慣にする

スイッチ2　自信がなくてもやってしまう

スイッチ 3

できる人のフリをする

スイッチ 4

過剰に期待しない

スイッチ●6 初心を取り戻す

スイッチ●7 「いちばん大事なこと」に集中する

＊本文イラスト＝スタジオ　モーニートレイン

スイッチ 1

「大丈夫！」を習慣にする

「うまくいかない？　それでもできる！」が成り立つ

Switch

あの人にメールを送ったら、返信がもらえるだろうか……？

たとえば、テレビや雑誌でしか見たことのない、あなたが大ファンである人物がいたとしましょう。

その人に直接、コンタクトをとることができると思いますか？

実はかのスティーブ・ジョブズ氏から、生前に応援のメールをもらった友人がいるのです。

当時、広告代理店でデザイン部の仕事をしていた彼は、まだ普及しかけだったマッキントッシュというパソコンが気に入り、グラフィックでつくった作品を社長だったジョブズ本人にメールしてみました。それに自分の経歴なども書き加え、「仕事ができたら嬉しい」という旨も伝えます。

もちろん社長本人からメールが返されるわけもない。それでも何か会社から返事があれば嬉しい……。

そう考えていたら、当の本人が直接メールを書いてくれたのです。

「君の作品好きだよ!!」

残念ながら当時の仕事の状況もあり、国を越えて仕事をするまでには至りませんでした。けれども彼は、「そのメールだけで百年間孤独で生きられるチカラを得た気がした」と語っています。

それから何年も経った現在、彼はさまざまな紆余曲折を乗り越え、ビジネスプロデューサーとして活躍しています。かつてスティーブ・ジョブズ氏が目指したような「海賊集団」を全国につくるのが理想。もらったメールは、いまも大事に保存しているそうです。

おそらくジョブズ氏にとってみれば、たまたまメールをくれた相手に返信をした、ただそれだけのことだったのかもしれません。

けれども送った本人は、あれこれと迷いながら実行しています。

「送ったら迷惑になるのではないか？」

「けれどもダメ元だから、やってみようか？」

もちろん返信が返ってきたのは、「たまたま」かもしれません。

ひょっとしたら忙しくて見てもらえなかった可能性はある。

最初から、「その手のメールにかかわっていられないよ！」と拒否される可能性もある。

ただ、そんなことを自分の側でいくら考えたって結論は出ません。

「見てもらえる」「見てもらえない」の判定を、自分の側ではできないのです。

すると問題は「できるか、できないか」ではなく、「やるか、やらないか」になります。

やってダメだった場合は、どうするか？

別に「どう」ということはありませんよね。「やっぱり反応がなかった」であきらめるか？

あるいはもう一度、アプローチをしかけてみるか……？

リスクがあるとしたら、「自分の思い通りにならなかった」というガッカリ感だけです。

そのガッカリ感は一体どれくらいのものなのか？

丁重なお断りなら、「やった甲斐があった」と納得できるかもしれない……。

怒鳴って「馬鹿野郎！　こんなくだらない要求を俺に出すんじゃない！」などと言ってきたら、自分がメールを出した行為を後悔してしまうかも……。


本書で考えたいのは、私たちの「できる」と「できない」を決めるもの。あるいは「やる」と「やらない」を決めるものです。

あなたにも、おそらく仕事や生活の上で、さまざまな難問があることと思います。自信がなくて、勇気がなくて、根性がなくて、なかなか実現できないこと、手がつけられないこと、躊躇してしまうこと、あきらめかけていること……あるのではないですか？

すべては、この四つに集約されるのかもしれません。

- できないから、やらない
- できるけど、やらない
- できるから、やる
- できないけど、やる

ただ、**この人が伝説になった経営者から貴重なエールをもらったのは、「やる」を実現したから。事実は「やったから、できた」なのです。**

本書ではあらゆる制約を越え、皆さんを「できる！」の世界に連れていこうと思います。

些細な冒険……あなたには実行できますか？

世の中には「できないけど、やる」ということを、強行してやってしまう意志の強い人がいます。

ある意味、無謀にもスティーブ・ジョブズ氏にメールを出してしまう人も、そのような例に入るかもしれません。

もっと有名なのは、ソフトバンクを創業した孫正義さんです。この方はその昔、マクドナルドを日本に持ってきた経営者、藤田田《ふじたでん》さんに「これからの時代はコンピュータだ」とアドバイスを受けて、もとはソフトの卸業だった現在の会社を立ち上げています。

ただ、当時は雲の上の存在だった藤田さんです。しかも孫少年は一七歳のときに、藤田さんが「有力者に会いたかったら、勇気を出して直接たずねてみることだ」とマスコミで語ったのを聞いて、アポもなしに一念発起して九州から出てきました。

もちろん、いきなり会社に行って「お会いしたい！」で会えるわけもありません。

一週間も会いに行っては断られて……を繰り返し、やっと本人に面談できる機会を得たそうです。

けれども普通の人にとって、「できないけど、やる」というのは難しいことですよね。

しかし孫さんは「会えないけど、会う」という形で、強硬に「普通なら会えない人」に会いに行ったわけではないと思います。

たぶん「会えること」を確信して疑わなかった、それは後の経営にもいえるのですが、「できること」と「できないこと」の領域を比べて、普通の人より「できること」の範囲が大きいのです。

そうでなければ、電力の規制も緩和されていない現在で、「太陽光発電のビジネスをしよう」なんて普通は考えませんよね。

　逆に考えれば、**「できるか」「できないか」の判断基準は、人によって異なるのです。ここを意識して操作できれば、「できないから、やらない」は「できるから、やる」になります。**

　つまりこれが、「できる思考」なのです。

　そんなことが簡単にできるのだろうか？

　「不可能そうな問題に対してでも、自分を前に進める」ということに関していえば、じつはそれほど難しくありません。

　再び「誰かとコンタクトをとる」というケースで、この問題を考えてみましょう。

「できる化」することで「不可能」の距離も縮められる

　そもそも「この人が会ってくれるか」とか、「契約を結んでくれるか」とか、「自分の人脈になってくれるか」ということを、私たちはあらかじめ決めることができません。

　すべては、相手の意志にゆだねられること。「自分の側ではコントロールできないこと」であるわけです。

　ＡＫＢ48でも、あるいは韓流スターでもいいのですが、手紙を出してデートを申し込む……。

これはほぼ一〇〇パーセント、ムリです。「できる化」しようとしたって、うまくいかないで

しょう。

けれども、では憧れの芸能人とコミュニケーションをとることができないかといえば、そんなことはありません。ファンレターはいくらでも出せます。返事だって、場合によってはちゃんと返ってきますよね。

これはようするに「自分が応援していることを伝えたい」と、あくまで「自分に可能そうなこと」の範囲内に目的を定めるから、「できること」になるわけです。

でも、そうやって「できること」に踏み出せば、ひょっとしたら不可能と思われた「憧れの相手とデートする」という目的にも、少し近づいているのではないか？

……まあ、芸能人が相手であれば、その距離は非常に遠いのかもしれません。

でも、相手が「クラスの憧れの人」だったら、どうでしょう？

手紙でもメールでも、いきなり告白……これは「できない」。

ならば映画でも、あるいはお茶にも誘う……でも、ルックスがイマイチな自分が誘っても、たぶん断られるだけだしなあ～。

じゃあさらにレベルを落として、「勉強を教えてほしい」とか「本を推薦してほしい」でも、何でもいいから接点のあることを教えてもらうようなメールを出してみる……これならば、できるかも！

これで「できる化」して動き出すことができる。

それじゃあ願いが叶ったことにならないではないか……と思うかもしれませんが、「単なるクラスメート」が「友人の一人」に昇格する可能性は高くなるわけです。その後の努力次第ではあるのでしょうが、「いきなり告白↓玉砕」よりは、おそらくは可能性も高くなっているわけです。

わかりやすく恋愛を例にしましたが、ビジネスももちろん同じなのです。

というより、恋愛のように感情の問題で左右されない分、ビジネスのほうが「できる化」することで確実に可能性は高められるでしょう。

先のスティーブ・ジョブズ氏は日米の距離もあり難しかったのですが、やはり私の知っている人で、二〇代のときに憧れていた経営者に手紙で連絡をとった人がいます。

その人は「会社に入りたい」でも「一緒に働きたい」でもなく、「無報酬でいいから勉強のために数か月働きたい」と申し出たのです。相手も驚き、とりあえずは見習いで働いてもらってみる……。

この人はあっという間に管理職に昇格し、後に独立して自分の会社を興しました。

できないことに、どうすればチャレンジできる？

ここまでならば「できる化」は、とても簡単なことに思えます。

ところが現実に私たちを取り巻く状況は、それほど簡単ではありません。

たとえば大きなプレゼンに臨むとしましょう。今回は相手も大企業だし、うちの商品には弱い面もある。

「まあ、今回は当社への期待を集めておくくらいでいいかな」と、「できる化」した範囲内で自分としては努力したい……。

ところが上司は、「ゼッタイ成功させろよ」とか、「他社に負けるなよ」と、「できる範囲」を超えた要求を常に出してきます。それに一生懸命に応えようとすると、どうしても「できないけど、やる」「やりたくないけど、やる」と、プレッシャーやストレスを抱えることになります。

むろん、結果「できる」ならば、認められて自信もつくかもしれません。

でも「できない」が続くとどうなるのか？

仕事に対する不満、あるいは会社に対する不満は、結局のところ「自分のできるやり方でやらせてもらえない」という部分が大きいのです。

「できるようには、やれない」「できないけど、やる」の連鎖では、モチベーションも下がるし、「本当にできるようになるためにはどうするか」ということにまで思考も回らなくなりますよね。

でも、これも本来は当然なのです。

なぜなら**仕事というのは、自分だけの「やりたい」や「できる」で存在しているわけではありません。**

相手の「そうしてほしい」に、いかに自分の「できる」を適合させていくかが本質になります。

わかりやすくサッカー選手の例で考えてみましょう。

相手がブラジル代表でも、レアル・マドリードでも、ゼッタイ勝てなそうな場合だって、ファンは競技場に足を運んで応援するのです。

だから選手は「がんばり」ます。

「プレッシャーだから応援するのをやめてくれ」と言うか？　「いや、勝てるわけないいんだから応援はしないでいいよ」と言うか？

そんなことを言う人はいませんよね。

「ファンの声援のお陰でがんばれた」と多くの選手が言う通り、勝とうが勝てなかろうが、選手たちは「がんばる」んです。

それは果たして「できないけど、やる」といった、空回りの努力ができるということなのでしょうか？

そうではないと思います。つまりこの場合も「誰かとコンタクトをとる」というケースと同じ。「勝つか負けるか」は結局のところ自分でコントロールできない部分であり、選手にできるのは「勝つ努力を精一杯する」ということだけです。

もちろんファンは「勝利」を期待するでしょうし、自分もそれを望むでしょう。けれども自分の目標はあくまで「勝つ努力を精一杯する」であり、応援の力もその部分にのみ反映されます。

結果は勝てないかもしれない。それは応援を裏切ったことになるのか？

たとえば二〇一二年の夏に、イチロー選手がシアトル・マリナーズから、ニューヨーク・ヤンキースに移籍しました。その初戦となったマリナーズ戦では、敵として対峙することになったマリナーズファンから、彼を称える大きなスタンディング・オベーションが起こっています。

マリナーズは弱小チームで、イチローの偉大な成績がありながら、勝つことはなかなかできませんでした。それでも勝つ努力を精一杯してきた彼の姿を、みんな理解しているから、それだけの評価が生まれたわけですね。

ようはこういう状態を、仕事のなかでもつくりだせればいいのです。

そうすれば私たちは、**「できないけど、やる」の悪循環から解放され、「難しいことにも、自分にできる範囲を見定めて、喜んでチャレンジできる」状況をつくりだすことができます。**

どんなときも、まず「やってみる」が先である

私たちはつねに物事を「具体的な結果」でとらえます。それは人間の脳に備わった傾向のようです。

たとえばお母さんが、「子どもが台所をぐちゃぐちゃした」ということで怒る。

なぜ、そんなことをしたか？

私の甥でそんなことがあったのですが、お母さんが体調を崩したそうで、何か元気のつく食べ物を探そうと、台所を家捜ししたそうなのです。これは思いやりのある行動です。

でも、「具体的な結果」だけを見たら「イタズラ行為」に映る。

お母さんは背景にあるものを想像できず、まず「叱る」という反応になってしまったわけです。

たとえば仕事で非常に辛い状況にある……これも一つの「具体的な結果」です。

自分に向かない営業の仕事をやっている。なかなか成約がとれない。辛い、苦しい……そうした現状がつねに「結果」となります。

この現状を変えるには、「成約をたくさんとってホクホクした状態になる」という、現状での「結果」を変えるしかない。ところが、そんな「結果」は簡単に出ない。だって「できない」のだから……。

そうすると今度は、「自分に向いた仕事をしている状態」という「理想的な結果」をつくるしかありません。

ならば転職するしかない。でも、簡単なことではない。それも「できない」になってしまい

ます。

すると結論は、「辛い状況を我慢する」という選択しかなくなってしまう。

「イヤだけど仕方がない」に甘んじてしまうわけです。

けれども「具体的な結果」と「理想的な結果」の間にある、「実現可能な結果」というのは想像できないでしょうか？

つまり、「台所をぐちゃぐちゃにする悪い子」と「台所をぐちゃぐちゃにしない良い子」の二極ではない。「台所をぐちゃぐちゃにする良い子」は想像できないか、ということ。

「仕事が辛い状況」に目を向ければ、あなたが目指すべき目標は、本当は「成約をたくさんとること」でも、「理想的な仕事をすること」でもありません。仕事を「辛い」と感じるような日常から、どう逃れるか……ということです。

そのためにできることには何があるか？

「一人でもお客さんを獲得すれば楽になるかも……」という発想だって出てきます。

ただ、答えはそれだけではありません。

「このままどれくらいまで惨敗続きで構わないか、上司に話してみよう」

「いったい自分の何が悪いのか、先輩に相談してみよう」

「もっと楽に商品を買ってくれる人がいないか、まず知り合いから探してみよう」

「せめて会話だけでも楽しめないか、そのために話題をもっとつくろう」

「そのために読んで役に立つ本とかないか探してみよう」

たくさんの手段が見えてくる。

そのなかのどれかは、確実に「自分ができること」でしょう。

「原因の生き方」と「結果の生き方」の違い

オリンピックのアスリートから有力企業の経営者までのカウンセリングをする心理療法士として、また講演家としてアメリカで活躍しているショーン・スティーブンソンさんという人物をご存じでしょうか。

この方は「骨形成不全」という、先天性の病気をもっています。

成人してからも身長は一メートルもないし、長い生涯をほぼ車いすに乗って生活してきました。その境遇で困難に打ち勝ち、大学院で博士号をとり、カウンセリングの分野で大活躍しているわけです。

彼の『言い訳にサヨナラすればあなたの人生は輝く』（成甲書房）という本を読むと、

「C＞E」（CはEより大きい）

という公式が出てきます。

「C」とは「cause」、すなわち「原因」のこと。「E」とは「effect」、「結果」です。

つまりは、「原因」のほうが「結果」より重要である。「結果」で生きるのでなく、「原因」で生きよ、ということなのですが一体どういう意味でしょう？

「原因」があって「結果」がある。私たちはそう考えがちですが、じつはこの二つは表裏一体の関係にあるものです。

現在、いまにも潰れそうな会社で、ボーナスも出ない状態で働いている。これは自分が紆余曲折あってたどりついた「結果」のように見えます。

ところが、その先を見たらどうなっているか？

●結局、会社は倒産し、無職になってしまった。この先、どうしようか、求人情報を探しながらあてどなく毎日を過ごしている。

●さまざまな業務改善策を提案し、会社はどうにか危機を乗り越えた。まだ充分とはいえないが、V時回復を目指すべく、いまは新規事業のプロジェクトリーダーとして努力している。

この二つは、いずれも「いまにも潰れそうな会社で、ボーナスも出ない状態で働いている」という状況に対して、「何をしたか」という行動がもたらした「結果」。先の「結果」が「原因」となって、その先の「結果」をもたらしているわけです。

ようするに私たちは、**絶えず「いま」が「原因」となり、次の「結果」となるサイクルを繰り返しているのです。**

だから「自分はダメだー」とか、「仕方ないな、無理だもんな」なんて言っていることには本当は意味がない。その「ダメだー」と言っているいまが原因となって、新しい結果である未来がすぐに訪れます。

ところが現在の状況を「結果」ととらえて萎えてしまう人と、「原因」ととらえて次の段階へ進んでいく人がいるのです。

現状は確かに、簡単には変わらないかもしれない。「あがく」「もがく」といったことになるのかもしれない。

それでも**「原因の生き方」をする人は、少しずつ状況を「自分が満足できるもの」に変えていくことができます。**

一方で「結果の生き方」をする人は、すでに努力する理由を失っています。「いまの状態」は「たどりついた結果」ですから、この時点で物語は終わっています。大逆転が起こる次の展開は想像できないのです。

このままでは自分にはできない……と停滞したまま、いつまでも浮上しない現状を繰り返してしまうでしょう。

海賊王はなぜ「不可能」に挑戦するのか？

「この帽子をお前に預ける」
「おれの大切な帽子だ」
「いつかきっと返しに来い　立派な海賊になってな」

そういって偉大な海賊シャンクス船長は、ルフィに麦わら帽子を託す……。
このメッセージが、大人気漫画「ＯＮＥ ＰＩＥＣＥ」の出発点になります。
だからルフィは、海賊王になることを目指す。

「できる、できない」などは、そこに存在しない。ただそれを目指すのが自分の使命だから、冒険に繰り出していくのです。

人生は困難の連続であり、仕事というのは、たいていは「うまくいかないこと」の連続です。

とくに仕事を考えれば、いまは変化のめまぐるしい時代です。いままでは順調だった事業がすぐに行き詰まったり、スローダウンしてしまうことは日常茶飯事になっています。

かつて以上に私たちは、「できないこと」に遭遇しやすい状況になっているのです。「できないこと」を「できる」ようにするには、徹夜で仕事をすれば乗り切れるとか、一週間死にもの狂いになれば乗り切れるといった、努力でカバーできる世界のものではなくなっています。

ときには仕事の根本を変え、自分の過去を否定して新しいことに臨むくらいの覚悟が必要になります。

しかも待っていても、誰かが解決策を提示してくれるわけではない。試行錯誤して自分を壁に突進させない限り、状況は何も変わらないのです。

けれども、この状況はじつはそれほど苦痛なことでもないのです。

それは海賊王を目指すルフィと同じ。**「自分にできること」を確実に続けていけば、やがては成長し「できること」の範囲も広がっていく。**また「あなたとやればできる」ということで、問題を乗り越えるための仲間だって増えていきます。

いままで私たちは「できなくてもやれ」と、まるで奴隷のように、イヤなことを馬車馬のようにやらされるように感じてきました。

でも、**本来は自分自身の現在がより「そうあってほしいもの」に変わるために努力をするのです。**

それを意識すれば、苦痛ではまったくなくなるはずです。

結局、私たちに必要なのが「変化」だとしたら、必要なのは「行動」です。どうにかしてでも、自分を動かさないといけません。

でも、「できないこと」だから私たちは動けなかった。

あるいはムリに動き、苦痛を感じてきた。

これが「できること」になれば、問題はとても簡単でしょう！

そのための方法論というのを、これからより具体的に考えていきましょう。

1章まとめ

1 「できるか」「できないか」の判断基準は、人によって異なるし、自分でも操作可能である

2 到達点が不可能に見えても、差し当たって「自分にできること」に目標を落とせば、行動をうながせる

3 「できるようには、やれない」「できないけど、やる」の連鎖では、モチベーションが下がるのは当たり前

4 困難にぶつかったら、自分にできる範囲を見定めて、それに喜んでチャレンジできる状況をつくりだそう!

5 現在の状況を「結果」ではなく、「原因」ととらえて、次の自分を想像しよう!

スイッチ2

自信がなくてもやってしまう

……「力が足りないから、できない」を乗り越える

「簡単にがんばれる人」のモチベーションの秘密

初対面の人に連絡したり、あるいは話しかけたり……ということが、あなたは簡単にできる人でしょうか?

私はこれがあまり得意ではありません。

出版社で編集者をやっていたころ、その仕事といえば、本屋さんで見つけた本を読み、「面白いな」と思ったらその人の企画をつくってみるということでした。当然企画が通れば、著者の先生に「執筆していただけませんか?」という連絡をすることになります。

別にその人を知っているわけではない。どんな顔かも知らない場合もある。おそらく本を書いているんだから偉いんだろう……くらいの認識。

まあ自分が著者の立場になると、「こんなテキトーな著者もいるんだ」と知るのですが、当時は私も駆け出しの編集者だったわけです。

しかも現在と違ってメールも普及していませんから、たいていは手紙を書いたうえで、相手に電話をすることから始まります。

受けてくれるかどうかは神のみぞ知る。

さあ、どうなるか？　いざ、電話！

これがとてもイヤだったんですね。

営業の仕事、あるいは新しい人間関係をつくろうと奮起したとき、同じようなコワさを感じる人も多いと思います。

これを「できる！」に変えるには、どうするか？

お客さんを増やしたいなら、あるいは新しい人から新しい何かを学びたいなら、やはり勇気をもって出会いを獲得していくしかありません。

でも、そんな勇気など関係なく、新しい出会いを簡単につくってしまう人はいますよね。

少し前のこと、私たちは自分たちがつくっている会で近江八幡への旅行を企画しました。

「株式会社・社員旅行」といって、一人で働いているフリーランスとか、少人数でやっている会社の経営者さんとか、社員旅行なんて普通ならありえない人たちが集まっていく旅行なのですが、基本的には内輪の集まり。

そういう集まりに、今回は「初めまして！　面白そうだからやってきました」と、二〇代の経営者さんがやってきたのです。

おそらく趣旨を考えた場合、集まっている多くの人がずっと年上であることは想像できるでしょう。

どんな人かはまったくわからない。ブログやフェイスブックを通じてのコミュニケーションをとっているわけではない。

ただ、過去に私の本を読んでくださった……ということだけのようです。

さらにすごいのは、ウェブ関連の仕事をしていて、「こういうの面白いね」とか「こんなことができたらいいね」という話題が話されると、次の日に提案書のようなものをつくって「こんなプランで考えてみました」とアイデアを具体化してしまいます。

相手に幻滅するかもしれない。ひょっとしたら気が合わないかもしれない。思いっきり自分が否定されてしまうかもしれない……。

彼にしてもコワさがない、ということではないでしょう。

ただ、それ以上に、「新しく出会った人と何かができたら面白い」「ひょっとしたら大きなチャンスになるかもしれない」「面白いことが起こるかもしれない」……と、好奇心のほうが強くなっている。

つまり**強い好奇心をもつことができれば、「できる・できない」に関係なく、自然に体が動く状態はつくれるのです。**

できる人は「ムリだ」と考えない

もう一人、私の知人を紹介しましょう。

この人はローズヒップという植物の実でつくられたお茶を通販で売っているのです。ハーブティーのなかにも含まれますから、知っている方も多いでしょう。

ただ、多くの人が知っている「赤いお茶」というのは、ローズヒップ・ティーと違います。それはほぼハイビスカスのお茶で、本物は底のほうに少しドロドロした実の粒が沈殿するような、「食べながら飲むお茶」なのです。決してまずいものではないし、ビタミンCを大量に含んでいる優れものなのですが、慣れないと少し抵抗感のある飲み物かもしれません。

一体これを誰が飲むのだろう……と、普通なら感じそうなのですが、その方は「これは素晴らしい」と本気で感じたのです。健康にもいいし、美容にもいい、化粧品に使うオイルにもなるし、ゼッタイに売れると。

で、六〇代の主婦がはるばるチリにまで出向き、天然のローズヒップを輸入するルートを開拓し、同時に製品化の道も切り開きます。本当に大丈夫なの？

ところが自らが広告塔になり、商品のよさをアピールしていった結果、口コミで評判が伝わり、いまや楽天の大人気ショップです。銀座でフェアの出店をすれば、商品はまたたくまに売り切れてしまうそうです。

ようするに最初から、この方には「ムリだ」とか「できない」という思考は、ないのです。思いついたから、とにかく先へ進んでしまった。

「できるか・できないか」を判断するよりも、ワクワク感のほうが強かったから、行動が先にうながされてしまったわけです。

これは特殊な話ではありません。ビジネスの世界には、案外とそういう成功例が多いものです。

アップルなどは、その典型でしょう。iPod、iPhone、iPadと、たて続けに〝世の中になかった新しい商品〟でヒットを飛ばしているのですが、いずれも「売れる」という根拠があったかといえば疑わしい……。

現にiPodなどは過去で他社の失敗例すらあったそうですが、それでも「ムリだ」という思考を排除して突き進み、結果的に新しいマーケットをつくってしまいました。

任天堂のWii、スターバックスという店舗、もっと古くを遡れば宅配便事業やコンビニエンス・ストアなど、いずれも「ゼッタイにうまくいくわけがない」と思われていた商品や業態でした。

ただ**推進した側の思い入れが強かったから、いつのまにか実現し、当たり前のように「できること」になって私たちの目の前に存在しています。**

一つ例をあげれば、ショッピングセンターなどに店舗を出して人気を集めているインテリアショップに、「Franfran」というものがありますね。

これをつくった株式会社バルスの高島郁夫社長は、もともとはホテルやゴルフ場に家具を提供する仕事をしていたとか。それも、かなり低迷気味で、ショールームにはほとんど人が来ない状況だったといいます。

そんなときに東京の天王洲に新しいショールームの誘いを受け、いっそ小売でお客さんが立ち寄る店をつくってしまえ、と思ったそうです。

「普通の人が家具屋に足を運ぶのは、一生に数回。結婚するときや、マイホームを取得したときなど」――そういう定説がこの業態にはあったようですが、思いついたアイデアをどうしても形にしたくて仕方がない。それで強引にやってしまって、試行錯誤の結果、現在ブレイクしている「Franfran」が出来上がったわけです（高島郁夫『フランフランを経営しながら考えたこと』経済界）。

できないことなんて、世の中に何もない

拙著『すぐやる化習慣術』（永岡書店）では、「ビジネス反射神経」というものを検証しました。

むろん、そんな神経が人間に通っているわけではありませんが、ようするに仕事で起こったことについて、どう反応するかの問題です。

たとえばお客さんから、ちょっとムリな要望を出された場合。

反射神経のいい人は、すぐ「要望はムリそうなんだけど、なんとかならないかな……」と、ベクトルはすぐ〝やる〟の方向に向かいます。

仮にあなたが「絶対にディスカウントをしない、その代わり品質はピカイチである」をうたっているカバン屋さんに勤めていたとしましょう。

馴染みのお客さんから、「みんなに勧めたい」ということで一〇〇個の注文が来ました。「だから割引をしてほしい」とのことなのですが、「絶対にディスカウントをしない」のが会社が守り抜いている方針なのです。

一体どうしましょう？

　やっぱり反射神経のいい人は、「なんとかできないか」に向けて、「なんとかしてみよう」と反応し動き出します。

　まずは上司にかけあってみる。

「お前、うちの方針はよくわかっているだろ？」

　そこをなんとか……ダメ？

「じゃあ、せめておまけを付けるとか、それならなんとかなりませんか？」

「まあ、そのくらいならいいんじゃないの？」

　そこでお客さんに相談してみる。

「残念ながら割引はできませんでした。その代わり、うちの小物製品ですが受け取ってください。これが精一杯で、申し訳ないのですが……」

　これくらいのことが可能になることはいくらでもありますよね。

　そうすると、お客さんも「ありがとう」と喜んでくれる。
モノでおまけしてもらったこと以上に、まず「努力してくれた」ことを評価するから、嬉しい気持ちになるわけです。

ところが反射神経の弱い人だと、「なんとかできないか」という問題に対して、「できる」か「できない」かで考えてしまうのです。

すると「ディスカウントしないのがうちの方針だ」という大前提しか出てきません。つまり頼まれてから即答で、「申し訳ありません。それはムリなんですよ」と返してしまうことになる……。

相手は結局、何も自分の要望に対してアクションを起こさない姿勢に、腹を立ててしまいます。

問題は社の方針とか、どういうルールがあるかとか、可能性がどれだけあるか……という話ではないのです。アクションがあるかどうかの、微妙な差だけ。

「できるか・できないか」は、能力や技能の問題でなく、むしろ思考回路の部分に負うものが大きいのです。

自信がない、のは理由になりません

自分の行動の結果がどうなるか、未来のことは誰にもわかりません。

ちょっと憧れている人を、身内のパーティに誘ってみる。オーケーが出るかはわからない。

好きな女の子に花を贈る。相手が喜ぶかどうかはわかりません。

では、うまくいく確率はどれくらいなのか？

それを求めても、ほとんど意味はありません。

どうしてかといえば、私たちの頭は考えれば考えるほど、リスク材料ばかりを拾っていくのです。

花を贈ったら、「なんでそんなことしたんだ」と怒られた。結果、口もきいてもらえなくなった。それで一緒に働いている会社にも行きにくくなってしまった。辞めなきゃいけないか……どうしよう？

なんて考えていったら、ますます動けなくなるだけですよね。

紹介した**ビジネス反射神経のいい人たちは、そういう否定材料をあれこれ考える前に、行動を起こしてしまっています。**

確かに行動した結果、状況が悪くなることもあるかもしれない。ただ、そのときはまた、その悪くなった状況を回復するために、次の行動に踏み切ればいいだけ。

別にうまくいく自信があって行動しているわけではないのです。

どうせうまくいくわけがないし……。

やってもダメに決まってているし。

つまり「できないから、やらない」の思考なのですが、そもそも「できない」の根拠は何なのでしょう?

自信がない……ということですね。

「自信がない」というのは、心理学的には「自己評価が低い」ということに起因しているようです。

自己評価の低い人は、何かしなければならない場面で、「うまくやれないのでは」という否定的な予測をして、不安になって、その場面を回避してしまう。ずっと回避し続けますから、いつまでも「うまくやれない」という前提は崩れません。

『自信をもてないあなたへ』（阪急コミュニケーションズ）という本で、認知療法の専門家であるメラニー・フェネルさんは、自己評価を高めていくための三つの方法を提示しています。

- いつも心を開いていること
- 新しいアイデアやスキルにすすんで取り組むこと
- 自己観察と実践を続ける時間と努力を惜しまないこと

これが何を指すかといえば、ようするに章の最初で紹介した二〇代経営者のように、まず心を開き、新しい情報に積極的になって「好奇心」のほうを先に盛り上げてしまうのです。六〇代の女性経営者のように、心を開きっぱなしにして、研究した成果のワクワク感で一杯になってしまうのです。

そうすれば悩む前に、自分自身が行動に駆り立てられています。

たとえば、あなたは「人前で話すこと」に自信がないとしましょう。「絶対スピーチなんかできない」と思っているとします。

ならば先に「こんなことを話したら、みんな感激するだろうな」という、面白いスピーチ内容を考えてしまうのです。

そうすると、あなたは自信がないのに、そのスピーチ内容を伝えたくて、伝えたくて、仕方がなくなってしまいます。

しょうがない……やってみるか！

やったらやったで、「うまくできたじゃないですか」と誰かに褒められるかもしれない。でも自己評価が低ければ、それを「お世辞を言わないでください」と受け入れられないかもしれません。

別に自信が高まらなくたっていいのです。**やってしまえば、「自分はがんばってこれを実行した」という事実が生まれます。**

それは次にスピーチを頼まれたときに、「自分にはできない」という前提を打ち崩します。

つまりは「自信のあるなし」と成果は、関係ないのです。

私だって最初に講演をしたときはそんなものでした。

いまでも自信はないのですが、頼まれればやりますし、そのたびに一応は感激してくれる人が出てきています。

自信のないまま出せる成果が、世の中にはたくさんあるのです。

みんな紆余曲折で、そこにたどりついている

実際、先に紹介した二人が、自信満々かというと、そうでもない……というのが事実だと思います。

二〇代の経営者に、「よくみんなが初対面のなかで思い切って出てきたね？」と問えば、「えっ、そんなものですかね」と答える。

彼はどんなときでも手帳を手放さず、「周りの人から勉強しよう」と、ただそれだけに熱心でした。

六〇代の女性経営者も、ビジネスに関して自信があったかといえばそうではない。ただ、「何も考えなかったんです。ズブの素人だったのが、かえってよかったのじゃないかしら」と答えます。

かつて私は東国原英夫前知事にインタビューをしたことがあるのですが、意外に思ったのは、芸人から知事になったあとでも、人前で喋ることにまったく自信がない……と言っていたことです。

イベントでコメントを求められ、そのたびに気の利いたことを言っているように見えるので

すが、本人は毎回のように「ああ、またダメだったなあ」と感じているとか。それでもしゃべることを避けるわけにはいかないから、毎回のようにチャレンジしている。

考えてみれば私だって、二〇冊以上の本を出しながら、文章がうまいとか、書く能力があるなどとはまったく思っていないわけです。本書をこの52ページまで書くのでも、えらく苦労しています。

それでも作家という仕事を選んでいる以上、やらないわけにはいかない。自信がなかろうが、気分が乗らなかろうが、とにかくパソコンのキーを打ち続けるしかないのです。

いま大成功している人だって、仕事がうまくいっている人だって、そのことに変わりはありません。

たとえば現在、経営者が必死にその革新的な経営を学ぼうとしている「ザッポス」という企業があります。カスタマーのニーズに合わせた靴の通販で大成功した会社で、現在はアマゾンの傘下に入っています。

けれどもこのザッポス、当初はまったくうまくいかず、何度も倒産の危機を迎えているのです。それに出資したトニー・シェイは、これじゃあ自分も破産してしまうからと、やむなく経営に参加するようになる。

それでも、改善の余地は出ない。彼はこの顧客サービスで成功した会社に対し、「当時はカスタマー・サービスより、最優先はサバイバルすることだった」と語っています（『ザッポス伝説』ダイヤモンド社）。

とにかく試行錯誤し、紆余曲折しながら、がんばって経営を続け、その過程でこの会社の切り札となった「ネット通販でありながら、顧客を喜ばせるサービス」というのが生まれたわけです。

勉強することで問題の突破ができなくなる!?

ようは自信の問題ではないのです。

ただ、「できる・できない」を考える前に、その選択肢を単純に選べるかどうかの話です。

トップセールスを上げる人ほど、成約率は非常に低いという話があります。

どうしてかといえば、アポをとって商談をする回数が多いからです。二、三人にアプローチして連続して断られると、落ち込んで「今日はダメかもな」と諦めてしまう。

ところが「次はどうだろう？」とゲーム感覚でアポを続けられる人は、三人に断られるところを四人、五人と繰り返していき、結果、一〇人連続して断られることも出てきます。

けれどもたくさんの人に当たるほど、「買ってもいいかな」という人に当たる確率は高くなっていくのです。そのなかには、「私の知人を紹介します」などという人も一人、二人と出てきますから、仮にお粗末な商談テクニックだったとしても、成功の数をどんどん積み上げてしまうでしょう。

もちろん、もっと営業の仕事で成果を上げられるようになりたい……。

だからスキルを身につけるために、勉強をしよう……。

そうした考え方は重要だと思います。

けれども、**その場合も忘れてならないのは、「求めているのは何なのか？」ということです。**

たとえば試験で合格するために勉強をする。

この場合であれば、勉強し、試験に必要な知識を吸収することで、合格の可能性は高まります。勉強することで可能になることは、合格のために必要な知識と一致しているでしょう。

ところが仕事の場合、つねに問われているのは「目の前の課題をどう乗り越えるか」です。「仕事の実力を身につけるために勉強する」といえば聞こえはいいのですが、「勉強して、実力がついてできるようになったら、その課題に取り組もう」と、逆に勉強が問題の回避に陥っている人が結構いることも事実なのです。

反論の声は多々あるでしょう。

下手な人が下手なまま何かを続けたって、うまくいかない……。

だから勉強し、技術や知識を習得してからコトに臨むほうが効率的だ……。

世の中はこうした考えが常識になっています。だからコミュニケーションやら、売り方の方法やら、仕事に役立つ考え方やらと、たくさんのビジネス書が求められ、セミナーや勉強会もニーズのあるものになっているのかもしれません。

むろん私もビジネス書を書いている人間ですから、否定していたら商売にならない。たくさん本を読み、たくさん勉強をしてほしいのですが……やはり間違ってほしくはないのです。

あくまで目の前の仕事に対して「こういうふうにしていきたい」と望む方向があって、それを実現するために勉強があります。

たとえば私の知っている人に、「独立をしたい」と、一所懸命に勉強している人がいる。一生懸命に勉強しているから、会計の知識とか、ファイナンシャルプランナーの知識とか、身につけている能力は膨大なものになっています。

けれども仕事の現状は、何も変わっていないのです。独立する目処はもちろん立っていないし、たとえばブログやメルマガで発信して自分のファンをつくっている様子もない。人脈が増えている様子もないし、言動が変わった……という様子も見られない。

結局は、現実にいま自分が面している状況に吸収した知識を使わないと、状況が変化することはありえません。

あなたが学んできたのは「言い訳」のつくり方?

たとえば、社内で新規プロジェクトが募集されたとしましょう。

もし「自分が思いついたことで、新しい挑戦をしてみたい」というアイデアを持った人ならば、とにかく「チャンスだ!」と何が何でもトライするでしょう。

ワクワクする気持ち、また「自分のアイデアを提案できる!」という気持ちが強いから、「できる・できない」なんて関係はありません。

でも、もちろんアイデアを採用するかどうかは会社の問題。

「これじゃダメだ!」なんて、けなされて却下されることは大いにありえます。

その結果、何が起こるのか?

どういうところが問題なのかを聞かされ、納得できたなら、それは一つの勉強です。

「もっとこう考えたほうがいいな」

「うちの会社では、こういう方向性のほうが通りそうだな」

何か感触をつかめば、また新しい挑戦ができます。

納得できなかった。「ゼッタイうまくいく考えなのに、上司の頭が固いよ」と不満になる。

それならばアイデアをとっておけばいいのです。それ以外の勉強会などで話す機会があれば、それが転職や起業のチャンスに結び付くかもしれない。そうでなくたってアイデアを温め、改良点も考えていけば、会社の上の人が替わったときに再びチャンスが訪れるかもしれません。

現に私が出版に関してやった仕事にだって、社員だったときは実現できなかったけれど、独立してからできるようになったことなどいくらでもあります。

ただ、こうしたことは根本のアイデアに対するワクワク感があるから〝自然にそうなること〟であって、「やりたい」の気持ちがあれば当然できることなのです。


ところが多くの人はそうではありません。

再び新規プロジェクト募集の話に戻れば、むしろ「自分の仕事を変えたい」とか、「認められる人になりたい」が先にあって、「では、新しいアイデアでも考えてみようか」という問題になります。

すると「できる・できない」の判断の問題になり、「いまの実力ではムリではないか」「勉強が足りないのではないか」ということになる。発想があべこべではないか……という気がしませんか？

面白いことを考えついたから、それを実現する……それなら自分は行動に駆り立てられる。だって〝面白い〟んですから。当然ですよね。

何かを実現すれば、面白くなるかも……これで行動が駆り立てられるかといえば、疑問なんです。なぜかといえば、いま現在は面白くないし、後でやってくる面白さも、本人は想像できないのです。

自信がない、できそうに思えない……という反論材料があれば、とたんに萎えてしまうでしょう。

だから、**まずは「面白いこと」を探すのが先なのです。**

努力や勉強は、その結果として生まれるものなのです。

がんばることが目的ではありません

「努力」ということに関していえば、最近は「がんばるべきか」「いや、がんばらなくたっていいんだ……」という議論が世にあります。

私たちはがんばるべきだ……。

いや、がんばらなくたっていいんだよ……。

本当はそういう議論がおかしいでしょう。

「がんばる」はあくまで目の前の課題に対する反応であり、がんばるまでもなく乗り越えることであれば、簡単に私たちは乗り越えています。

そうでないから悪戦苦闘に、試行錯誤に、労力を大幅にかけて、「がんばる」ということをする。それも私たちの反応の一つです。

だから、**「がんばるべきか」ということを考える前に、目の前に乗り越えるべき壁があるとき、私たちは「がんばる」しか選択肢がない。**条件反射のように必然的な反応になってきます。なのに、どうして「がんばる」ことを避けようという動きが出てくるのか？　それは「がんばる」の意味を履き違えているのです。

よく言われるように、私たちは「がんばること」をよしとする価値観のなかで仕事をしています。

かつて私が新人として入った会社には、単純に残業時間を計算して、誰が長く働いているかで査定をするような変なシステムがありました。まさかそんな効率の悪いことはどこの会社でもやっていないだろうなと思いきや、二〇一一年に経産省と対立して話題になった元官僚、古賀茂明さんの『日本中枢の崩壊』（講談社）によれば、霞ヶ関にはれっきとして残っているとか。

それも問題ですが、とにかく現在は、やみくもにがんばることは否定されている。それは当然ですが、別に「がんばること」が否定されたわけではない。というより、「がんばること」は目的でないのです。

ただ私たちには「仕事をどうするか」という問題があり、それに対して「がんばる」という手段を選ぶかどうかという選択肢が一つあるということ。

別にがんばる必要がなければ、ムリをすることもないのですが、実際は私たちには「がんばる」ことでしか乗り越えられない問題も生じてしまうのです。

そこで「がんばれるか・がんばれないか」は大きな差になってきます。

たとえば私の仕事には「締め切り」というものがあります。

物事を効率的にやれ……という人は、締め切りに向けて計画をつくり、一つひとつやっていけば「がんばる」なんて労力を使うことはない、と言います。ただ、それはよっぽどの大先生か、書く仕事を片手間にやっている人の言葉でしょう。

現実に私のように専門職になってくると、たとえばその日の夜に電話がかかってきて、「スケジュールの都合上、修正をなんとか明日までに仕上げてくれないか」なんていう話はいくらでもあるわけです。

むろんムリです……というのは簡単です。

けれども、この仕事をやっている立場からすれば、そのムリをがんばって成し遂げてしまうことで、大きな信頼を勝ち取れるチャンスになるかもしれません。

そうすると自信があるか、なんてことは関係がない。やってみたことのメリットを目指して

いくしか選択肢のないこともあるのです。

ひょっとしたら、がんばっても目的は達成できないかもしれない。あなたに期待した人は、ガッカリするかもしれない。

でも、本当はそんなことを気にするべきではない。**がんばった結果得たものは、あなたのなかに必ず蓄積されていくのです。**

まずは「ムダだ」というブレーキを外してしまいましょう。

2章まとめ

1. 好奇心やワクワク感が強ければ、「できる・できない」を考える前に、行動へ駆り立てられてしまう
2. すぐ「なんとかならないか?」で思考できる、ビジネス反射神経をつくりあげよう!
3. 「自信がないこと」と「できないこと」は関係がない
4. 「できるようになるために勉強しよう」だと、いつまでも先に進めない
5. 「自信のない自分が前に出てしまうくらい面白いこと」を探してみよう!

スイッチ3

できる人のフリをする

……「やったことがないから、できない」を乗り越える

「できる人のフリをする」効果

私の知り合いに、世界を股にかけて活躍する経営者で、かなり高額の収入も稼ぎ、多くのファンを持っているうえ、メディアからの依頼が殺到していて執筆に追われているスーパービジネスパーソン……の、フリをしていた人がいます。

いや、別にサギではありませんよ。

その方は金融会社で非常に好成績を出していたのです。ただ、もっと自分の仕事を発展させたくて肩書きは営業コンサルタントとして独立しました。

しかし、いくら会社員時代に成績を出したとはいえ、簡単に独立して仕事が入ってくるわけもないですよね。だから当初は無料のメルマガを配信し、毎日のようにブログを更新し、人脈を徐々に広げながら、小さな勉強会での講師活動をやっている……という状況だったのです。

私がその人に出会ったのは、その当時のことでした。

ただ、事実を知ったのは、だいぶ経ってからなのです。独立し、バンバン仕事が入ってきて、世界に羽ばたいて活動しているのだろうと当然のように思っていました。

どうしてかといえば、実際そんなふうなのです。

アポをとるとビッシリ埋まったスケジュール帳を開き、一〇分刻みのように予定を立てる。おまけに「では、ここで」と相手が指定してくる場所は、たいてい都心の高級なホテルのカフェや、高級なレストラン。お金もしっかり出してくれます。

海外にもしょっちゅう行っているし、グリーン車やビジネスクラスもよく使う。

おまけに「こういうことをやりたいんです」と口にすることは、エネルギー産業に投資する話だったり、アフリカの小さな国にプラントをつくることだったりと、かなりドデカいのです。

私でなくたって、周囲の多くの人が「この人は違うな」と感じていたことでしょう。

それらはすべて、ハッタリ……といえば、その通りなんです。


ただ、本人は至って真面目。「そうなるつもり」でふるまい、「そうなるつもり」で働いていたということでした。

別に嘘をついていたわけではありません。

埋まったスケジュールには、「本屋さんに行く」とか、「○○について調べる」とか、自分で勝手につくった用事を分刻みで入れている。

仕事で海外に行くと言っているのも、ほとんどは旅行を兼ねて、欧米のビジネスセミナーに参加するのが目的でした。

いい場所にこちらを招待してくださるのも、忙しくてほとんど使う暇もなかった前の会社で稼いだ貯金を、出し惜しみすることなく使っていた……ということのようです。

別にムリせず、出費を抑えればいいのではないかと思いますよね？

ところが本人は、独立していずれは一流人のようになりたいと思っている。

そのためには、まず一流の習慣を身につけなくては……と、人に対する投資と、移動時間を有効活用するのには、お金を惜しまなかったわけです。ビジネスクラスやグリーン車を頻繁に使うのは、そこに理由がありました。


つまりその人は、一流人になる前から、一流人の「フリ」をしていたわけです。

で、それが後にどうなったかといえば、なんと本当にフリをしていた状況になりつつあるのです。

実際に欧州と日本を股にかけたビジネスを展開していますし、商業出版社からビジネス書を書き、現在は第二弾を考えている。本人が主催するセミナーや講演にも人がずいぶん入っている様子です。

別に「自分は必ずそうなる」という確信があったわけではない。

ただ、なりたい自分のようにふるまっていたら、いつのまにか理想に描いていた状態に近づいてしまった。

これは「できる！」という思考に、応用できる方法ではないでしょうか。

とにかく「大丈夫！」と言ってみる

「なりたい自分」のフリをすることで、その通りの自分になる……。

ようするにこれは自分のなかで、「やるぞ！」とか「できるぞ！」というスイッチが入ることが大きいのではないかと思います。

私にはムリだよ……と内心は感じているけど、自信たっぷりな人のようにふるまっていたら、ちゃんとできてしまった。

そんな経験は、あなたにありませんか？

意外とそういうことはよくあるのです。

たとえばカップルが、やったことのないクレーンゲームのようなものに挑戦する。

女性のほうが「本当にできるの？」なんて問うと、男性のほうは「任せといて」なんて答える。

で、そう言ったあとでやってみたら、自分でもビックリ！

見事、女性が望む商品をゲットしてしまった……。

男性であれば、こんな経験をしたことのある方がいるかもしれません。

「ムリだけどやってみるね」……なんて言って始めると、最初から成功させる気がないから、本気にならない。

一方で「大丈夫！」「任せて！」と言ってしまうと、自分のなかで「真剣にやらなければ」というモードが高まってくる。結局、クレーンゲームのような遊びは集中力の勝負ですから、成功の度合いが高まるのは当然でしょう。


つまり自信がなくても、自信のあるフリをして「大丈夫」と言ったほうがいい。

そう言うと、難しいことに思いますか？


たとえば講演のような仕事があります。ときには一時間も二時間も、人前で話すことになりますから、私はとても苦手です。

苦手なものですから、依頼されてから、「少し検討させていただけますか？　今週中にお返事します」などと返答することがかつてはありました。それから話す話題を考え、あらためて

「自分にできるかなあ」などと頭の中でシミュレーションしてみる……。

でも、これにはほとんど意味がないのです。

考えたって、「できるか・できないか」なんてわからない。結局「イヤだなあ」という気持ちばかりが先に出て、逃げたくなるだけ。

そのうえで「やるべきか・やらないべきか」と論理的に考えたら、そんなことは「やるべき」に決まっているんです。

自分自身の宣伝もできるし、本の宣伝にもなる。すでに本を読んでくださった方には思いが伝わっているのですし、どのみち自分に興味を持ってくれない人に「大したヤツじゃないな」と思われたところで、影響はありません。

だから結局、迷いながらも仕事を受けるのです。

それで講演をし、いつものように「うまくいかなかったな」と思う。それでも私の本を読んでくださる方は納得してくださいますし、喜んでくださる人もいる。自分の納得度と評価はあまり連動しない……。

というか私の身内だと、すでに自分がたどたどしく話すほうを期待するムキすらある。流暢に話すと、逆に「らしくない」と文句を言われたりします（笑）。

とにかく、そんなことを繰り返すうち、講演などの依頼は、最初から「大丈夫です！」と答えるようにしてしまったのです。

そうするともう「やる」が前提ですから、「できるだろうか」とか、「自信がない」などということはもう無視してしまう。

結果、「何を話すかな」とか、「どういうふうに伝えるかな」と、むしろ内容の構成や資料づくり、材料集めのほうに集中できます。時間効率もいいし、覚悟もハッキリ決まる。

これは自信の問題ではない。仕事術として「自信があるフリ」をしたほうが、ずっと得であるということなのです。

根拠のない勝算を責める人はいない

それでも、「できる人のフリをする」ということに疑問を持つ人はいることでしょう。

「大丈夫です！」などと言い切ってしまって、もし失敗したらどうするんだ……と。

じつはこれが大きな「思い違い」であることは多いのです。

私たちの周りの人は、私たちが思う以上に、期待をかけた相手が出す「結果」には執着していません。

はっきり言うと、自分のほうで「断言した以上、大きな成果を上げなければならないんだ」と過度に自意識過剰になっている部分のほうが大きいと思います。

編集者のように企画を立てる仕事をやっていると、たいていはそういうものです。

たとえば企画書を編集会議に出す。編集長だったり、あるいは社長が参加する場合もありますが、出した企画に対して必ず問われるものです。

「本当に売れると思うか？」

「思いますね！」

「ホント？」

「大丈夫です」

なんて言って、企画が通る。失敗する……。

「売れなかったぞ！」

「すみません……」

まあ、これだけのことなんです。

確かに場合によっては、ネチネチ言われるかもしれません。「ウソつき」とか、「アホ！」だとか、けなされるかもしれない。

けれども「売れると言ったんだから、責任をとって保証をしろ」ということにはならないのが普通です。そんなことをしていたら、企画の仕事なんて成り立たないのです。

それはそうですよね。企画書を出す以上、本人は売れると思っているし、それを論理づける資料だって用意しています。

ところがこれが確実に売れるのだったら、世の中はすべてベストセラーや大ヒットだらけになってしまう……。

つまり確実な予想なんて、誰にもできないのです。けれども「売れるのか？」と聞かれて、「わかりません」と答えてしまっていたら、「なら、やるな！」で企画は実現しません。

誰しも確実なことはわからない。でも、そもそも「売れない」と思って出す企画もありませんから、本人は「いけるんじゃないか」という勝算はあるのです。だから「大丈夫です」と自信たっぷりのフリをするしかない。

たいていは上司や会社もそれをわかっているから、「売れると思っていたのに、売れなかったこと」をいちいち責任問題にしないし、否定したりもしない。そんなことをしていたら、新しい企画なんて出てこなくなってしまうのです。

実際、責任問題とまでは言いませんが、確実に売れるような細かいデータを用意しなければなかなか企画を通さないようにした出版社がありました。

すると出せる本が極端に減り、出版不況のなかで厳しい状況を迎えています。

これはどんな仕事でも同じだと思います。

新しい仕事を任されるとき、「できるか？」と問われて、そりゃあ誰だって「やったことのない仕事」なのですから、判断もできるわけがありません。

でも「できないかもしれません」と言って、拒否してはいつまでも新しい仕事は回ってこない。

だとしたら「フリ」でもなんでも、「できる」としておく……。

だいたいそのほうが少し追い込まれた状態にもなり、結果はプラスに出るものなのです。

自信たっぷりな人ほど、評価される

できる人のフリをすることで、自分自身にスイッチが入る……ということは述べました。

でも、**「フリをする効果」**で、**それ以上に大きいのは、周囲の人に与える影響でしょう。**

考えてみれば当然のこと。たとえばあなたが戦国時代の足軽だったとして、何倍もの数の敵軍に包囲されてしまった。これから決死の突破作戦に臨むとしましょう。

そのとき主君がこんなことを漏らしたら、あなたは付いていこうと思いますか？

「どう考えてもムリだよなあ。オレたち死んじゃうかもしれないよ。どうしよう……」

イヤですよね。私なら真っ先に白旗を掲げて、敵側に降伏してしまうかもしれません。

「大丈夫。みんな生き残れるから、俺に任せてくれ！」

ウソでも自信たっぷりにそう言ってくれるリーダーに、やはり付いていきたい。

「負けると思えば負ける、勝つと思えば勝つ。逆になろうと、人には勝つと言い聞かすべし」

そういう教訓を残しているのは、豊臣秀吉。言うまでもなく「勝ち戦」を続けることで全国統一までを実現した人ですが、そんな人物でも「負けることになったとしても、勝つと言い続けよ」と説いているわけです。

その心中にはさまざまな不安があるにせよ、上司が「勝てるフリ」「うまくいくフリ」をしてくれるから、やはり部下は付いていくことができる。むろん、それはビジネスでも同じことでしょう。

この会社の経営、じつは結構厳しくてオレには難しいから、明日つぶれるかもしれないよ……なんて経営者が発言する会社に、誰も入りたいとは思わない。

商談に行く前から、「今回はムリだろうなあ……」などと言っている上司に、付いていこうとは思いませんよね。

こうしたことを踏まえると、先に述べた「一流人のフリ」をしていた知人が、なぜ自分の仕事をどんどん発展させていったかも想像できます。

たとえば、コンサルタントのような仕事を考えてみてください。

むろん、あまりにも自慢話のようなことばかり述べるのは論外ですが、自分の仕事に自信をもって堂々としている感じで、また外見や生活習慣からも順調そうに見える人がいる。一方で、あまりにも自信なさそうで、お金にも苦労していそうな人がいる。

仮にも経営の相談をするのです。一体どちらに頼みたいですか？

セミナーを聴きに行くとか、執筆の依頼をするのでも同じですよね。

「何をやっても、ダメなんですよね〜」とか「独立したけど、うまくいかないんですよねえ」などと言っている人の話を、誰も聴こうとしないし、その秘訣を学びたいとも思いません。

つまり、「一流のフリ」をしていたことで、この人は「自分がそうなりたい」と思う人を、知らず知らずに惹き付けていたわけです。私もその一人だったのかもしれません。

スタンフォード大学の有名な組織行動学者、ジェフリー・フェファー教授が著した『「権力」を握る人の法則』（日本経済新聞社）という本があります。ここで述べられているのは、「社会的地位を獲得する条件は専門的な技能や実績ではなく、権力をつかむに相応しい振る舞いをしてきたかが大きい」ということ。

たとえば「自信」ということに関しては、明らかに「自信がある」ようにふるまっていたほうが、社会的期待を受け、出世コースに乗りやすくなると述べられています。

「あなたという人間をどの程度重んじるべきか、どこまで任せても大丈夫かを決めるにあたって相手が注目するのは、外に表れる行動や態度である。権力や影響力を持っている人は自信たっぷりにふるまうので、逆に自信ありげな言動を見ると『この人にはきっと力があるのだろう』と考えやすい。したがって自信のある態度を示し、それに見合う知識を備えていれば、影響力を獲得することができる」

例としてフェファー教授は、研修でＭＢＡコースに派遣されていた控え目な女性が、友人の勧めで提出する報告書を〝少し生意気〟な文体に変えたところ、とたんに会社から好意的な反応を示されたケースを紹介しています。

つまり、生意気になったぶん、会社からは「知識を身につけて成長した」とみなされたということなのでしょう。

私たちは「できる人のフリ」を求められている

フェファー教授の話は、基本的には自己アピールを重んじるアメリカ社会を反映しています。より謙虚さを求める日本人が聞くと、少しイヤな感じを受けるかもしれません。

ただビジネス書の編集などをしていた立場からすると、うなずける面もあるのです。

よく原稿を編集したとき、著者の方から「こんな偉そうな書き方はしないでくれ」と怒られることがあります。具体的には「上から目線で言っているような口調はなくす」「ハッキリと物事を断定してしまうような調子は避ける」「自分の言っている説が〝いちばん正しい〟ような言い方はしない」という具合でしょうか。

これらは何より私自身が、自分の書いた原稿を読み直していつも思うことなのです。「何エラそうなこと言ってるんだ」とか、「お前ナニさまのつもりだ」などと、自分の書いたものを見ながら憤慨してしまう。

だから原稿チェックとか、校正の作業というのは案外と苦手……なのですが、じゃあ修正すればいいかというと、これがあまり「よろしくない」のです。

とくに〝文章の場合は〟なのでしょうが、とたんに説得力がなくなってしまう。最悪、読者の心にまったく響かない本になってしまいます。

「本人が内心でどれだけ自信をもって論を展開しているのか」にかかわらず、読者のほうはやはり自信をもって断定してくれることを望んでいるのです。

もちろん口頭では、あまり偉そうなのは好かれません。少なくとも言葉遣いに関しては、できるだけ謙虚に、丁寧にということを心がけるべきでしょう。

ただ、海外では自己主張する人が重く用いられ、日本では控えめな人が用いられるかといえば、そんなことはありません。自己主張する人も控え目な人も、一律に同じように年次で出世することが続いてきたから、そう見えただけの話です。

実際、新人の頃を思い出してみれば、やっぱり自己主張したほうが〝機会〟を与えられる可能性は高くなります。

かつて私がいた会社も年功序列で、機会均等をモットーにしていた会社ですが、それでも同じです。やっぱり「フリ」でも何でも、「僕にやらせてください。できる自信があります」と言い切ってしまうような〝出過ぎた新人〟のほうが、通常の新入社員よりも早く仕事を任されるようになりました。

上司の立場からすれば、これも当然の話だと思います。

たとえば「私にやらせてください」と、できるかどうかもわからないのに積極的なA君と、「やったことがないのでわかりません」と謙虚なB君の二人がいる。一つ頼んでみたい仕事があって、一体どちらに任せるか……。

二人とも可能性は未知数。ふだんの仕事からは判別できない。だとしたら、やはり声をかけるのはA君になります。

もちろん「自分ならできる」という根拠のないアピールを信じるわけではありません。フリなのはわかっているのですが、それでも「やる」と言っているのだから、先に機会は与えてみようと思うだけのことです。

つまりフリをしたA君のほうが、組織のなかでは有利になる。そして機会が少なくとも同じように評価された時代と違い、現在はより機会を獲得して成果を上げたほうが、地位面でも金銭でも優位に立つ時代になっています。

この違いは大きな差になってきそうですよね。

A社とB社、どちらと契約するか？

A社の商品とB社の商品、どちらを選ぶか？

AさんとBさん、どちらをビジネス上のパートナーにするか？

もちろん外面ばかりで決まることがすべてではありませんが、ビジネスの世界は相手をよく知らないまま、どちらを選ぶか決断すべき理不尽な状況に溢れています。

想像以上に私たちは、「フリをすること」を要求されているのです。

それができなければ、逆に損をすることになってしまうでしょう。

自信は「根拠」でなく「覚悟」である

もちろん、フリだけですべてが解決がする、などと私は申したいのではありません。先のフエファー教授も、「自信のある態度を示し、〝それに見合う知識〟を備えていれば」と言っているわけです。

本の場合はわかりやすいのですが、「偉そうな主張」に見合うだけの「知識」なり読者をうならせるロジックがともなっているからこそ、〝ちょっと上からのもの言い〟が説得力を持つ。それがなければ、やはり不評を買うでしょう。

では、**やったことのない仕事に「できる」というとき、私たちは何をもって〝見合うもの〟を保証すればいいのか？**

何もありません。

一生懸命にやることで補う。それでいいのです。


そこで私たちは、仕事上における「自信」というものを、とらえ直す必要があると思います。先のことなど誰にもわからない。これから会う相手がどんな反応をするかはわからない。世の中がこれからどう変化するかも、それは誰にもわからないことです。

この「わからないこと」に必要な知識も、スキルも、データも、充分なものなど何もない。だから自信は出ないのですが、それでも自信をもって「やろう」と決意する。

それは、わからないことに対して本気で挑もうとする、ある種の「覚悟を持つ」ということなのです。

ビジネスで「成功した」とされる人の多くが、じつはそうしたことを実行してきました。たとえば日本を代表する経営者、本田宗一郎さん。彼もまた「大言壮語」で知られた人でした。

五〇年代、まだ小さな会社だったホンダがオートバイのレースに進出を決めたころ、トップだった本田社長は「日本一の会社でなく、世界一の会社になる」ということを豪語していました。そのころに資本増資して「世界一流の工作機械」も購入しています。

ところが当時は、朝鮮戦争による特需ブームが終わり「二十九年不況」と呼ばれる経済的な落ち込みが始まっていたのです。おかげで商品はまったく売れない。本田社長をはじめ、経営者たちももちろん、それを知っていました。

けれどもあえて「世界一」を宣言し、大がかりな設備投資をして、逆境を越えるために努力したのです。

その努力によって生まれたのが、「カブF型」と名付けられた、自転車にエンジンをつけたようなもの。これを日本全国の自転車屋さん、一軒一軒にDMを打つやり方で、営業を始めました。

まあ表向きには自信満々に夢を語っている、本田宗一郎さんです。「あの会社がすごいことを始めたぞ」と注文は殺到したとか（『本田宗一郎 夢を力に』日経ビジネス人文庫）。

こうしてホンダは「すごいフリ」と、「あと付けの努力」で経営危機を乗り切ったわけですね。

なぜ立てた目標が達成されないのか？

目標を立てる……というのは、ある意味で、「覚悟」を表明することでもあります。

たとえば「今年中に英語をマスターする」という目標を立てたとする。そのまま一日中遊んでいたって、当然ながら英語は身に付きません。

ならば毎日、通勤時間中に英会話のテープを聴こう……といった具合に、目標の実現に向けた努力をうながすから、目標は達成できるわけです。

そんなことはどんなことでも当たり前のこと。本当はあえて言うまでもないことでしょうが、なんとなく目標がいつも絵に描いた餅になっているとすれば、覚悟の部分がどこかに抜けてしまっています。

実際、「目標達成」よりも、本当は「それを掲げて邁進したこと」のほうが、個人個人にとってはるかに貴重であることが多くなってきます。

そう言うと「目標の意味がないじゃないか」と、怒る人も出てくるかもしれません。ただ、たとえば「ＴＯＥＩＣで９００点以上をとる」という目標を掲げて、がんばったけど残念ながらそこまでの高得点は達成できなかったとする。

では、がんばったことに意味がないかといえば、そんなことはまったくありませんよね。獲得した英語力を使って、海外向けのビジネスを始める。あるいは自分が勉強してきた経験を生かして、簡単な英語教室を開く。こっちのほうが目標だったとしても同じことなのですが、できることはいくらでも考えられるわけです。

逆に考えると、もし「ＴＯＥＩＣで９００点以上をとる」という目標を掲げたとして、神様が助けてくれたのか、テストに出る問題の解答を先に知ることができたとしましょう。結局あなたは何の勉強もせずに高得点をとることができた……。

それで目標達成してハッピーだ、ということになるでしょうか？

目標は達成したけれど、まったく英語の力は身に付いていないわけです。それでは何ら成長したことになっていないし、その英語を生かすことができないのですから、おそらくは人生に何の変化も起こらないと思います。

私の友人に、毎年のように「今年こそ結婚する」を目標に掲げている男性がいます。そう言い続けて、おそらく五、六年。四〇を過ぎてまだ独身ですが、目標が実現される気配はまるでありません。

けれども、それなりに行動してはいるのです。片っ端から恋愛マニュアルを読み、出会い系のパーティに出席したり、お守りのようなものを買ってきたり。

おそらくイメージのなかで、いろんな出会いのシチュエーションを想像したでしょう。そしてとうとう結婚する前に、彼は恋愛小説家としてデビューしようとしているのです。結婚することよりも、本当はそういう道を望んでいたのかもしれませんね。


目標のような話をすると、いつも考えてしまうのは「できる」か「できない」か、です。

だから曖昧な「夢」のようなものでなく、できるだけ実現可能な、具体的な形で目標を描きなさいと言われる。「達成する」ということだけを重視するならば、それは確かに間違いではないのでしょう。

けれどもそれは、あくまで「結果」だけを考えた場合のこと。

会社は「あなたがいくら売り上げたか」を評価対象にするかもしれない。学校は「あなたが何点をとったか」を気にするかもしれない。

でも、**自分にとっては「目標に向けて行動した過程で何を得たか」のほうがはるかに重要な**

わけです。

知人に「いつか独立して、自分の会社をつくるぞ」という目標を掲げている人がいます。ただ、「その会社は世の中に貢献する夢の会社でなくてはならない」という、なんとも抽象的な願いになっていますから、いつまでも実現の見込みが立たない。具体的な独立の動きなど、まったく起こしてはいません。

ただ、本人は「そうなるつもり」で真剣に勉強していますから、仕事ではメキメキ実力を発揮して、人間関係も非常に広がっています。「そうなるつもり」で覚悟を決めてがんばるから、副次的にはたくさんのメリットを享受しているわけです。

できると思って行動しながら、できてはいない。確かに「フリ」だからその通りなのですが、結果はどうかといえば自分にプラスになっている……。

とすれば、本当は「結果」ですら、私たちが思う以上に大きな問題ではないのです。

3章まとめ

1 最初に「できるフリ」をしてしまうことで、結果的に可能になることはたくさんある

2 私たちの周囲の人間は、それほど「言った通りの結果になること」を期待していない

3 多少、「大言壮語」したほうが、ビジネスの世界はうまくいく!

4 ただし大言壮語する以上、「言ったことに対し、精一杯努力する姿勢」は見せねばならない

5 「結果を出すこと」より、じつは「結果を出そうとした過程」で得られているもののほうが大きい

スイッチ4

過剰に期待しない

……「認められないから、できない」を乗り越える

書き続けられる小説家のモチベーションの秘密

やはり私の知っている人の話……から始めさせていただきますが、小説家さん、の話になります。

小説家といっても、有名な方ではありません。

それどころか、本当は小説家という定義に当てはまるのかどうかもわからない。なんせきちんとした形で自分の本を著しているかといえば、残念ながらその機会は与えられていないのです。

けれども彼女はたくさんの作品を書いてきました。そして、何度も出版社が主催する賞に作品を応募したりしてきました。

高いお金を出して自費出版で、本を出版したこともあります。

出版系のセミナーに通いつめたこともあります。

何度か編集者の方だったり、エージェントの方がその作品を気に入り、プロデュースしようとがんばってくれたこともあったのだとか。でも、なかなか文芸作家がデビューするのには道が険しかったようです。

でも、本当に道が険しいだけなのか？

あと一息というところまでいきながらデビューできないのです。ということは、そこまでの力がもともとないのではないか？　どうがんばったって無理なのではないか？

……そう考えてもおかしくありませんよね。

もちろん彼女にだって、ふだんの生活があります。

それも主婦だったのですが、ご主人と離縁なされて、女手一つで三人のお子さんを育てています。

だから生活だって大変なのです。働かなければならない。

だけれども、その傍らでコツコツと、執筆を続けている……。

一体どうしてでしょう？


大変な生活があるからこそ、彼女は「小説」という手段で、自分が感じてきたこと、大切にしたいと思っていたことを伝えたかったのですね。だから彼女の小説は、「家族」をテーマにした愛情に溢れています。

誰が読もうが読むまいが、まったく構わない。

趣味だろうが、仕事だろうが、それはどちらでもいい。

認める人がいなくても、ただ自分の考えを表現するために、彼女は書き続けた。書くこと自体が大好きだったのです。だから続けていくことができました。

時代の変化ということでしょうか。本の世界では願いが叶わなかった彼女ですが、とうとう彼女は電子出版の世界で、小説家としてデビューを果たしました。

そして現在、彼女の応援をしてきた人たちが、こぞってその小説を紹介。読者の輪をどんどん広げています。

認められなくても続けられる人の特徴は？

1章で「できないけど、やる」というのは、とても難しいことだと説明しました。

つまりは、やったけれども、結果が出ない。結果が出ないから認められない。

もちろん行動した以上、経験して学んだぶんの成長は確実にあるのですが、その状態でモチベーションを保つのはなかなか大変ですよね。

心理学者アブラハム・マズローの「五段階欲求説」というのは有名ですが、欲求は階層のようになっていて、順位の高いものが満たされないと、なかなか到達点にまで欲求が回らないと言います。

1. 生理的欲求
2. 安全の欲求
3. 所属と愛の欲求
4. 承認の欲求
5. 自己実現の欲求

これがその順位ですから、この説にしたがうなら、誰かから「承認」されないと、自分を高めようとする「自己実現欲」は高まらない……ということになります。

ただ、それでも「やり続けた」という人が、最終的に大きな成果を手にしていることは多いのです。

「『評価されなくて当たり前。評価されたらラッキーだと思え』これは、私が長いビジネス人生をかけて学んだことです」

そうおっしゃっているのは、三井物産副社長、日本ユニシス社長、住宅金融公庫総裁と、要職を歴任してきた島田精一さんという方です（『超一流企業トップが明かす20代に必ずしておくべきこと』大和出版）。とくに住宅金融公庫においては、大胆な業務改革によって黒字化の目処をつけた人物として知られています。

その島田さんが、三井物産で若手社員だったころ、当時はまだ日本との経済関係が密でなかったイタリアへ転勤になります。目をつけたのは、この国で最も有力な企業の一つ、自動車メーカーのフィアットでした。

ところが当時のフィアットは、日本人など相手にすらしていません。トヨタやホンダが世界を席巻する前の時代ですからそれも当然で、日本製の機械を売ろうとしていた島田さんも鼻であしらわれる。歴史の古い会社ですから、最初から「日本人にはムリ」とされていたのです。

ところが島田さんは、この会社に二年間も通い続けたと言います。

ミラノにあった会社から、フィアットのあるトリノまで車で一五〇キロ。二日に一度は営業に行ったということですから、移動距離は一〇万キロ近くになります。

その間の売上げはゼロです。

普通の会社なら怒られそうですが、まだ進出したばかりのイタリア。他にできることも思いつかなかったのかもしれません。とにかく二年間、上司から嫌みを言われながら、ムダにさえ見える営業を続けました。


その結果どうなったか？

徐々に生まれてきた人間関係が功を奏し、二年目になって一台数千万円の精密工作機械四台を受注することに成功したそうです。

やっとそれで島田さんの仕事も認められた。

でも、そんなことは問題でない……と言います。

先の言葉のように、仕事は**「評価されなくて当たり前」で、他人が認めるかどうかにそれほど意味はない。それより「仕事においてムダなことは何もない」のだから、いかに「自己満足を続けていられるか」のほうがずっと大事**だと、島田さんは説いているわけです。

「がんばる」という行為は何のため?

できないけれど、やる。それでも自己満足できるから、いいじゃないか……。

そんな話をすると、「ふざけるな」と怒られるかもしれません。

けれども、いい悪いは別にして、私たちはよく「がんばろう!」という言葉を使います。

この「がんばる」の語源には、「眼張る」と「我を張る」の二通りがあるとのこと。「眼張る」というのは、「見張る」という意味で、転じて「その場所をじっと動かずにいる」ということ。「我を張る」というのは、「自分を押し通す」ということです。

どちらにせよ「結果などいいから自分を押し通してみよう」ということが、本質的な意味なわけです。

いいじゃない、自分が満足すればいいんだから、やりたいようにやってみようよ……。

なんとなく、そんなニュアンスがありますよね。

これをその通りにやった例が、先に紹介した女性なのです。

やはり誰が認めなくても「小説家である自分」を自分自身が認め、その作品を誰が評価しなくても、自分自身が評価してきました。

そして「書く」という行為に楽しみを見出し、誰も読まない作品を書き上げることに自己満足してきたのです。

だから続けることができ、最後には結果を出したのでしょう。

けれども、自己満足だけでは、やはり何かが欠けています。

小説家の女性も、書き続けたのは、「出版したい」という夢があったから。

夢、目標、目的、予定、などなど未来において起こるありとあらゆることに期待できるからこそ、私たちは「できる可能性」を求めて「やる」という行為を選択していく。

問題は、その「できる可能性」を、トンネルの向こうにどれだけ自分が認識できるかです。

世の中は残念ながら「理不尽」です。どんなにがんばったって、「がんばる量」と、その「結果起こること」は、必ずしも比例しません。

それどころか、がんばらなくてもものすごく評価されたり、がんばったけどコケにされるようなことはいくらでも起こるのです。

だから多くの人は、「できる可能性が少なそうなこと」に対して、なかなか「やる」という選択ができなくなってしまう。こうした傾向を変えることはできるのでしょうか？

「仕事をやり遂げる」のは、いったい何のため？

「残業」というものを考えてみましょう。

残業はするべきか、しないべきか。その議論はさまざまでしょうが、かつては残業するのが当然……と考えられていた企業文化がありました。居残りをしている社員に、「残業手当」を出すのも当然のことでした。

するとなかには「適当に居残りだけして、残業費を稼ごう」という人もいたのでしょうが、多くの人はたくさん残っている仕事をできるだけ片付けようと、夜を徹して仕事をします。会社や上司も、それを評価してきたから、いい悪いは別として長時間の仕事を続けることができたわけです。

ところが世の中が効率化の流れになってきて、残業する人間が「できない」という評価をくだされ、かえって批判されるようになってきます。

なかには効率よく最小限の時間で成果を出す人もいるのでしょうが、定時までやって「はい、今日は終わり」で溜まった仕事を放棄する人も出てくる……。

その「はい、今日は終わり」の人が評価され、残っている仕事を最後まで片付けようとする人が、逆に「居残りなんてするんじゃない」と怒られるような状況が生まれたら、これでは「今日は残ってやり遂げよう」という気持ちが薄れていきますよね。


もちろん、「定時までに仕事を終わらせる」というのは、重要なことです。「就業時間」という締め切りによって集中力は増す。

ただ仕事はそれほど、業務時間的に都合のいいものばかりではないのです。

たとえば夕方、会社が終了間際にお客さんに会って、非常に好感触を得た。相手は「すぐ見積もりがほしい」と言っている。

会社に帰って、居残りをして見積書をつくり、明日の朝一で相手に送る……これは相手から、非常に喜ばれる可能性があります。

しかし会社は残業をゆるさない。だとしたら、家に持ち帰ってやるか。そんなことをしても誰も評価をしない。本当にやるべきなのだろうか？

だいたい時間外で仕事をしても、確実に契約がとれる保証なんてないのです。仮にとれなかったら、時間外で働いたことをネチネチ言われるかもしれない。会社によっては、契約がとれた場合ですら、うるさく言われるところもあると聞きます。

それで「時間外は絶対働かない」と仕事量の少ない社員が評価される現実があれば、社員が規定以上の仕事をしなくなるのも当然かもしれません。

でも、長い目で見れば、やっぱり規定を超えて働いたほうが、仕事の世界では結果的に得をするものなのです。

それは成果の問題より、前にも述べた「機会」の問題です。

効率よく五個の仕事をする人よりも、じつは時間がかかっても一〇の仕事をする人のほうが、長期的には伸びていく可能性が高い。それは経験の量が倍になりますし、自分を高めてくれるような仕事に出会う可能性も高くなるからです。

私自身、「残業をしない」をテーマにした本を多数書いていますが、それは別に「仕事量を少なくするため」ということではない。むしろ仕事外で学べる経験をたくさんつくるためです。

忙しい印象のある出版社でも、最近は「残業禁止」というところが増えています。すると時間外の打ち合わせを断ったり、夜のパーティは経費にならないから参加しない、なんていう人も出てきます。

それでも会社にぶつぶつ言われることを承知で、時間拘束を破る人もいるわけです。規定時間通りしか働かない社員に比べ、やはり彼らが多くのチャンスを得ることは確かでしょう。

ようするに仕事において、評価されないことは多いのです。

そのなかで「目の前の成果のためにやる」とか、「当面の目標のためにやる」ということだけでモチベーションをつくると、あまり長続きはしません。

私はかつて、原稿の細部にまで異常にこだわる編集長の下で仕事をしていたことがあります。その上司は、たとえば一つの見出しに対して、五つくらいの案をつくらせることまであったのです。本全体で考えたら、一体いくつの〝見出し案〟をつくらなければならないのか？

そこまでやるのも、より「売れる本をつくろう」という意思があるから。でも現実を見れば、別に見出しの文句などあまり気にせず、来た原稿をそのまま本にしてベストセラーになっている例はいくらでもあるのです。それを考えれば、本当にそこまでやるべきか。判断は難しいところです。

けれども「可能性」を考えていけば、細かいところまで気をつかったほうが、やはり「売れる確率」は高くなるのです。だとしたら目の前の結果よりも、「オレたちは細部にまでこだわろう」とある種の自己満足でやっていくしかない。

たくさんのアイデアを出すことは、仕事の他の部分にも経験になって反映されていきますから、長期的に得をするのは、やはり「限界を超えてやったほう」なのです。

つまらないなかに「自己満足」の要素をつくりだす

ようするに「この仕事をやってしまおう」とか、「とにかく、いいものをつくろう」とか、「なんとか最後までやり続けよう」……と、誰かが評価する・しないにかかわらず、そこに「やることで自分が満足できる要素」があれば、私たちは「できる可能性は少ないけどやる」を選ぶことができるのです。

そして当初は「自己満足的」だとしても、やがては結果が生きてきます。

重要なことは、「やれば何かが起こる」「評価される」「結果が出る」と期待してがんばることでなく、むしろ「やること」そのものに自分が楽しめる部分を見つけ出すことなのです。

そういうことが、できるでしょうか？

決して難しいことではないのだと思います。

たとえば「報告書」のようなものを考えてみましょう。

上司からの命令で、仕方なく地方の現場の視察へ行ってきた。水曜日くらいに帰ってきて、そのレポートを金曜日までに出せと言われる。ただでさえ忙しいのに、勘弁してくれよと思う。しかも報告を出したところで、いままでろくすっぽ上司は見もしなかった。ただ決まりになっているから、形式的にレポートを出すだけ……。

そんな状況があれば、普通は「やろう」という気持ちなんて起こりませんよね。やる気も起こらないし。適当に仕上げようとばかり考えてしまいます。

でも、たとえば写真を撮るのが好きで、視察中に話を聞きながら、趣味半分でいろんなところを写してきた。で、そうしたものを使ってビジュアル的なものを作成するのを結構楽しんでできる……。

そうした「自己満足的な要素」があれば、「では、報告書もビジュアルにして、すごいのをつくってやろう」と決意することはできるでしょう。

もちろん適当にやるよりは、ずっと時間もかかるかもしれない。労力も必要になってくる。それでも面白いから、やってみよう……と。

好きな部分もあるとすれば、夜を徹して作業することもできるかもしれませんよね。

でも、どうせ上司も見やしない報告書。ほとんど意味はないのではないか？

わかりませんよ。

前に、「ちょっとしたプレゼン資料を見事につくったから」という理由で、社長室直属の広報部に引き抜かれた女性に会ったことがあります。そうでなくても、ビジュアルな表現術に磨きをかけてしまえば、そのスキルはあらゆる分野に応用可能でしょう。

これはどんな仕事にも応用可能だと思います。

たとえば毎日のように、成約率の低い営業をやらされている。

それでも会話でお客さんを楽しませ、「相手を笑顔にする」ということに喜びを見出せれば、最終的には断られることばかりでも可能性の小さい仕事を続けることができます。続けることさえできれば、チャンスはいつか回ってくることでしょう。

そんなふうに「自分なりのこだわり」をどこかに見出してしまうことが、やり続けるためのコツなのです。

「辛い」「誰にも認められない」「それでもいつの日か……」なんてことばかりでは、モチベーションはもちません。

日々の仕事に「成長性」を見つけ出す

自分なりの満足要素を見つけるのに、もっとも効果的なのは、「成長」を感じ取ることだと思います。

どうして人は「認められたり」「褒められたり」すると、「努力した甲斐があった」と満足できるのか？

ようするに自分のやった努力に対し、「その努力は正当だったのだよ」と一定の評価を与えられるからなのです。

認められることも褒められることもなければ、努力はムダなものということになり、すべては空回りしたに過ぎなくなってしまう。私たちはそうなることを、非常に恐れるようにできています。

だからよく、「自分で自分を認めてあげればいいではないか」とか、「自分で自分を褒めなさい」と言われるのですが、それでは本質的な解決策になりません。自分で承認をしたのでは、「その行為がムダでない」という根拠にならないのです。

むろん、何年も経ってから振り返ると、「あのときの努力もムダではなかったなあ」と考えられることはあるのですが、「現在」の時点ではやはりそうなる保証はありません。

私たちはこういうところで、どうしても論理的に考えてしまうわけですね。

本当かどうか知りませんが、ナチスの拷問で捕虜に「砂の山をつくらせる」というものがあったといいます。

捕虜にシャベルを握らせ、せっせと土砂を運び、山をつくらせる。で、出来上がったら看守たちがそれを崩す。そのあとで、「もう一回、山をつくれ」と命ずる。この意味のない作業を、延々と繰り返させるわけです。

これは精神的にきついですよね。誰にも認められない作業を延々とするのは、それだけ人間にとっては辛いことなのでしょう。

でも、これが「認められるもの」に変わればどうでしょう？

たとえば山をつくったあとで、記録係の人が登場してきて、山の高さを測り、かかった時間から総合点を割り出す。「新記録達成です！」とアナウンスが流れて、観客がワーッとどよめく……。

そんな状況があれば、逆に「やる気」が出てくるかもしれません。

観客がいなかったらどうなのか？

それでも、「毎日毎日少しずつ高い山がつくれている」とか、「時間が短くなっている」という記録をとっていけるなら、少なくとも「やっていることが無意味」にはならない。ただ「やらされるだけ」を続けているより、ずっと前向きに作業を続けていけるようにはなるでしょう。ようするに**「成長性」を感じられることが、自分の労働に対する価値をつくっていくわけです。**

ナチスの拷問のような極端な話でたとえたのですが、同じようなことは程度の差こそあれ、会社の日常にも溢れています。昨日も今日もコピーとりだとか手伝いの、つまらない補助的な仕事だとか。

それでは毎日が辛い……となりそうですが、その「つまらない仕事」のなかに、「自分がどれだけ成長したか」を見出していけばどうか？

「いつか辛い仕事から抜け出せる日」ばかりを夢想しなくても、いま現在の仕事に取り組める気持ちが出てくるのではありませんか？

「できたことノート」をつくってみる

じつを言うと結果としての評価より、「自分自身の内的な成長」に焦点を当てたほうが、人間は〝より努力できる〟という研究もあるのです。

それはジェローム・ブルーナーという教育心理学者が提唱した説ですが、彼は小学生に幅跳びをやらせて、それぞれの記録をとります。そのあと一方のグループには、「ライバルを負かすように」という目標を与え、もう一方には「自分のベストを尽くして前の記録よりいい記録を出そう」という目標を与えました。

そしてもう一度ジャンプさせた結果、好記録を出したのは、あとの「自分のレベルを高めよう」とした子どもたちだったのです。

一生懸命に記録をのばしても、他にもっといい記録を出す子どもがいたら、順位は下になってしまうかもしれない。それでも、「自分の記録をのばす」ということに喜びを見出せば、意欲は急上昇するということなのです。

たとえばあなたの会社には、どんなに努力しても追いつけない同僚がいるかもしれない。いつも評価されるのはその人ばかりで、面白くない……。

でも、そんなことに関係なく、あなたは「あなた自身のため」だけで、もっとがんばれるはずだし、力も出せます。

その方法は簡単で、**ジャンプして跳んだ記録のように、私たちの日々の仕事も、自分がその**

成長を確認できるように「記録化」してしまえばいいのです。

もちろん数値で記録を出していくようなことはできませんが、とにかく「自分がやったこと」「成し遂げたこと」「体験したこと」をメモにして書き並べていくことは簡単にできるでしょう。それを日々、確認していけば、「自分はこういう面が成長しているなあ」ということも感じられるようになります。

たとえば私は仕事がら、普通の仕事をしている人よりは本を多数読みます。といって、年間何千冊をうたっている人には足下にも及ばないのですが、それでも読書の習慣が根付いていない人にはよく言われるのです。

「どうすれば何冊も読めるようになりますかね?」と。

これも簡単で、一冊のノートを使って、読んだ本や著者名、出版社などをとにかく記録していけばいいのです。それから二〇冊目……というふうに、カウントもしていく。

そのうち一ページ、ずらっと本のタイトルが並びますが、それを見ると意欲がわいてきます。

「よし、もっとたくさん読んでいこう」

「先月は一〇冊だったけど、今月は一五冊に挑戦しよう」

そんなふうにモチベーションは上がるものです。

　これはどんな分野にも当てはまることで、たとえばダイエットの専門家は、「まず毎日、体重を量って、それをノートに記録していけ」と唱えます。朝活動の専門家は、早起きのコツとして「毎日起きた時間を記録していけ」と唱えます。

　その記録自体が、自分で自分の成長を認めるための、一つの指標になっていく。だから目標を達成するまでの努力ができるのです。

　あなたの毎日の仕事は、そんなふうにタイトルや時間を羅列するような、簡単なものではないでしょう。

　けれども、夜にでも朝からずっと自分がやったことを振り返って、些細なことでもいいし、感じたことでもいい。何でもいいから記録にとっていくといいのです。

　これにはメリットがあって、会社や上司が気にする結果でなく、自分にしかわからない成果にスポットを当てることができます。

「商談には失敗したけど、あのときお客さんとこんな話をして意気投合できたなあ」とか。

「上司は認めないだろうけど、もっとこうしたほうが仕事も効率的になるだろうな」とか。

　つまり「経験」や「発見」に評価を当てられるということ。

　これは間違いなく、自分自身にとっての「成長」なのです。これが増えていけば、意欲にもなっていくし、「もっとこういうことに力を注ぎたい」という気持ちが生まれるかもしれません。それが一番重要なことなのです。

この「記録」をもう少し文章化すれば「日記」にもなるし、公表すれば「ブログ」にもなります。仮に読者が少なかったとしても、ブログを書くことによって仕事が発展したという人はいくらでもいます。

だいたい毎日のように公表しているのであれば、「やらなくちゃいけない」という気にもなっていくものです。

ただ気を付けなければいけないのは、「誰かが読んでくれる」を前提すると、読まれないことで逆にモチベーションが下がってしまう。それでは本末転倒になります。

「できる可能性の少ない」ことでも、自分のため、自分の楽しみのために、挑戦する気持ちをつくることが大切なのです。

4章まとめ

1. 「できないけれど、やる」を続けるには、強い「自己満足感」をつくらねばならない
2. 小さなものであったとしても「できる可能性」に目を向けてみよう！
3. 「自分がその仕事の何にこだわるか」をはっきりさせよう！
4. その仕事のなかに「自分が楽しめること」を見出してみよう！
5. 日々の成長性を記録してみよう！

スイッチ5 自分に甘くなる

……「みんなと同じで、できない」を乗り越える

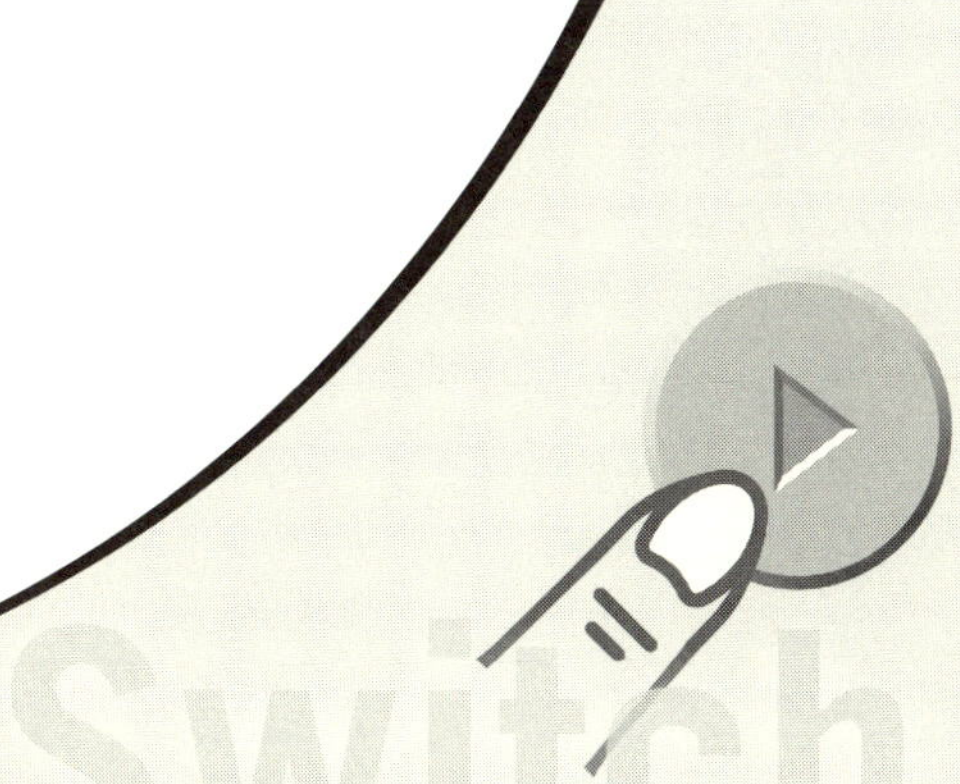

努力の仕方を変えたら、こうなった！

やはり私が知っている人のお話からさせていただきましょう。

この人は、テレビ局の営業をしていたのですが、深夜までバリバリと仕事をして、猛烈に成績も上げていました。当時のことを詳しくは知らないのですが、収入もかなりあったようですから、やり手の営業マンだったのです。

ところが、あまりにも一途にがんばるものですから、ストレスも溜まる。結果、うまくいかない部下を怒鳴り散らすことが日常茶飯事だったそうです。周りの人間は怖がって近づきませんん。

本人は当時の自分を、「イヤなヤツだった」と語っています。一途だったけれど、それ以外のことはまるで見えていなかった。いつも余裕がなく、人生を楽しむこともできていなかったのではないか、と言っているほどです。

そう言っている……ということは、いまは全然、そういう人ではありません。

正直、そんな昔話を聞いても、私には信じられない。長い付き合いになりますが、どう見ても温厚で優しく、人生を楽しんでいる人……にしか彼は見えないのです。

ただ、バリバリとやらない人になったというわけではないのです。私が知っている限り、知人のなかでも最も努力する人の一人。一〇歳くらい年上にはなるのですが、その姿勢はとても尊敬しています。

ただ違うのは、〝いろんなこと〟に努力するようになったこと。しかもすべてを「楽しく」やっています。

きっかけは「走る」ようになったこと。

なんせかつては、怒鳴ることでストレスを発散していたような状態だったのです。そのうち部下も寄りつかなくなるから、怒鳴る相手もいなくなってしまう。とにかくイライラする気持ちを何かにぶつけよう……と、家の周辺を走り始めた。

そうしたら走っているうちに、何となくバカバカしくなったそうなのです。自分はいったいなぜ、こんなに多くのことを犠牲にしてがんばっているのか？　それで嫌われ者になることに、はたして意味があるのだろうか……と。

ただ、性格上、あらゆることを一生懸命にやらなければ気が済まない人ではあるのです。だったら無茶でも、「いままでやりたかったけど、自分に許さなかったこと」を全部やってしまおうと決心しました。

それからやり始めたことは、アイスホッケーに、楽器の演奏に、科学の勉強に、文章を書くことに、車の運転に……と。

もちろん「走ること」も続けようとしたのですが、それがいつしか「ウォーキング」に変わり、いまでは「早朝ウォーキング」ということで自らが主宰するサークルをつくり、大勢の人を集めています。それをテーマにして、とうとう一冊の本まで書いてしまいました。

その傍ら、仕事もいままで通りに続け、現在も管理職。ただ大勢の人から慕われ、過去を知らない若い社員たちの人気の的になっています。怒鳴ることなどなくなり、面倒味のいい上司に変身してしまったのですから当然でしょう。

結果の異なる二つの努力

そこで考えてみたいのは、この方の変化は、いったい何だったのだろうかということです。そんなのは当然でしょう。いままではイヤなことをムリに努力してきただけ。だからストレスが溜まったのでしょう……。

はたして、それほど単純なことなのでしょうか?

そもそも、怒鳴り散らす営業マンだった当時、彼は何を求めていたのでしょう?

仕事の成果を出すため。その仕事とは、自分が望んでいるものに他ならない。現にいまも、望む仕事をしていることは変わらないわけです。

それを報酬のため、地位のため……と考えるのは、やはり違っていると思います。サラリーマンの世界は、いま目の前の仕事に結果を出せば、とんとんと地位や報酬が上がっていくわけではありません。

ということは、あくまで目の前の「自分が好きな仕事」に対する「自分のこだわり」に向けて努力してきたのです。

「最大の結果を出す」という望む目標があり、部下から怖がられようが、それを必死で手に入れようとしてきました。

ならば現在は？

「自分が好きな仕事」に対する「自分のこだわり」でがんばる……同じなのです。

確かに「ウォーキング」には趣味的側面もありますが、それで人を集め、本を書いているとすれば、これも仕事といえば仕事。文章を書くことや勉強をすることは、すべて仕事に連動しているでしょう。

楽器や、チームスポーツは？　これは確かに趣味なのです。仕事ではない。

でもチームの勝利や楽器の習得を目指して、練習をして……と、そう考えれば、普段の仕事と変わらないように思いませんか？

しかもキャプテンがいたり、楽器は師匠に弟子入りするような古典的なものでしたから、上下の人間関係もあります。それで仕事でも別に報酬や地位が目的だったのでない……とすれば、あまり会社での仕事と変わらないような気がします。

それで労力や時間的拘束は、現在のほうが増している。よくよく考えると、「楽しくできるようになった」のは不思議なのです。

いまは自分の思い通りにできるから、別にいいのではないか？

はたして本当に思い通りになっているのか。現にウォーキングの会を開くと、参加者がまばらなこともしょっちゅうです。楽器にせよ、スポーツにせよ、自分が望んだ結果を必ず出せるわけではないでしょう。

それでもストレスが生まれないというなら、やはり現在は「自分の望むこと」を選び、それに対して努力しているから、満足できていることも確かなのです。

なら以前はといえば、ハッキリいえば「望んでないこと」をやはりやっていました。

吉田たかよしさんの『「怒り」を上手に消す技術』（ソフトバンク文庫）という本によれば、

「怒り」という感情は、もとは自分の生存を守るために生まれる感情だそうです。

むろん他のネガティブな感情も同じでしょうが、いま現在起こっていることや、自分が行なっている行為を避けるために、そうした感情が起こるわけです。

ということはストレスになり、イライラするのは、どんなに自分が目標にしたことに向けて努力しているにせよ、望ましいことをしていない証拠。好きな仕事で、自分で選んでしていることなのに、なぜそういうことが起こるのか？

これはとても重要なことだと思います。

「やらなきゃいけないこと」と「やりたいこと」

結論から言うと、過去のこの人は「やりたいこと」に向けて努力していたのではないのです。「やらなければいけないこと」に向けて奮闘していました。

そういう人は案外と多いのではないでしょうか？

目標通りに結果が出せているのに、イライラするし、不満やストレスも溜まる。ときどき、なぜ自分が努力しているのか疑問に思ってしまう……。

これは思うように結果が出せない自分にイライラする、ということではないのです。

人から認められて、結果も出しているのに、不満が溜まっていきます。

それではモチベーションが下がってきますし、いずれは「できること」もやれなくなってしまいますよね。

実は世にある「やる気を出す方法」とは、ほとんどがこの「やらなくてはいけないこと」を、どうすれば自分を動かして、やらせることができるかです。

古くからあるのは、「アメとムチ」ですよね。努力したらご褒美、努力しなかったらお説教。上司がやることでなく、自分で自分にプレゼントしたり、ペナルティを与えることが説かれることもあります。

また「締め切りをもうける」というのも、時間的な制限を設けることで自分を追い込み、「時間内でやってしまえばその仕事から解放される」ということで、報酬を目の前にぶらさげる効果になります。

確かに本書だって、「締め切りまでに仕上げる」という約束事があるからこそ、仕上がる面はあるのです。「いつまででもいい」ということだったら、ダラダラと遅れるばかりかもしれませんね。

確かに欲や危機感で自分を駆り立たせるのは、スピードアップ効果があるのです。

「できる可能性が少ないこと」にも、場合によっては取り組める意欲が生まれてくるでしょう。

ただ、それで本質的な解決になるかといえば、私は少し疑問に思うのです。

それは「やらなければいけない」ことは、いつまでも「やりたいこと」にはならないからです。

たとえば、私は作家という仕事を現在、好きでやっているのだと思います。少なくともいまのところは、廃業しようと考えてはいない。

なのに「やる気が出ない」ときはあります。

「他のことで頭が一杯で気分が乗らない」なんていう場合もありますが、どうも現在書いている原稿がイヤでしょうがないときがある。「やりたい」という気持ちに、なかなかなれません。

しかもテーマは自分で企画して、「書きたい」と思ったことだったりするのです。

なのに、どうしても「やろう」という気にならない。一体なぜなのか……？

こんなときはパソコンの前で、かなり苦悩するのです。あげく、「このテーマ、本当は書きたいことじゃないんじゃないか」「いや、自分の本心では書く仕事が嫌いなのではない」とか……悩む。

ただ、あるときふと「いや、こうじゃない。もっと内容をこんなふうに書き直してみよう」と思いつきます。そう、「言いたいのはこういうことじゃなく、こういう展開なんだ」と。

すると、そこからどんどん進み、気づくと十数ページ分まで原稿が進み、時間は真夜中になっていますが、結果にはものすごく満足していたりする……。

これはつまり、**仕事が「やらなければいけない」と苦悩することから、「やりたいこと」に変わったことで、モチベーションが一八〇度転換したということです。**もちろん内容も間違いなく、いいものになっていると思います。

で、このとき「やらなければいけない」から、とにかく現在の内容で何時までに仕上げようとか、とにかくあと一〇ページ出来上がったら遊んでいいから強引にでも進めちゃおう……とやったら、どうなるのでしょう？

確かに早く効率的に終わるかもしれない。

でも、それは自分の望むもので、自分の可能性を高めてくれるものになるのか？

そしてまた次の機会も、仕事そのものでなく、出来上がったあとの報酬や、時間通りに終わったあとの楽しみのために、私たちは仕事と対面するのです。

はたしてそれは、自分を成長させてくれるものになるのでしょうか？

仕事そのものはいつまでも「苦痛」なんです。

その状態を「理想的な状態」とすることはできませんよね。

正しい「やる気」のつくり方

仕事はスポーツと違い、時間がくれば試合終了とはならない。だからできるまで、やり続けるしかない。

それは「苦しくても、歯をくいしばってやる」ということでなく、むしろプロセスは楽しくなければ続かない……。

そう言っているのは、観光業界のカリスマとされている「星野リゾート」の社長、星野佳路さんです（『継続できる人の習慣（「The21」Books）』PHP研究所）。

星野さんは、個人の目標なんてとくに設定する必要なんかないと説いています。そういった目標を一生懸命に追いかけるより、自分がいまやっている仕事を好きになり、楽しむようなるべきだ……ということでしょう。

経営コンサルタントをしている友人は、経営者から「社員にやる気がなくて困る」「モチベーションをもっと上げるにはどうしたらいいだろうか？」という相談を受けます。

「わかりました。任せてください」と言って彼が最初に始めるのは、社員へのインタビューです。それから行なうのは、社員たちへの「やる気」を上げる策ではありません。役員を全員集めて、社員たちが不満に思っていること、あるいは「やりたい」と思っていることができるようになるか、徹底的に議論をするわけです。

ようするに「社員のやる気が出ない」という環境がある以上、いくらお説教をしたり、モチベーションを上げるような対策をしても根本は変わらない。だから社員はほうっておいて、組織のほうを変えさせるということです。

彼に言わせれば、仕事がやりがいに変わるような環境さえつくれば、あとは勝手に社員ががんばってくれる……ということ。

もちろん経営者サイドが期待するのは、目標設定をしたり、働き方を変えたり、喝を入れてバシッと部下たちの意識改革をする……という類いのことでしょう。だから「何でオレたちが変わるんだ。問題があるのは社員だろう」と文句が出ることもあるようです。

けれどもそういう会社は、コンサルタントががんばったところでよくなりようがない。徹底的に粘って、業務のことは置いておいて、まずは経営者の意識改革に専心するそうです。確かにその通りかもしれませんね。

私たちの仕事は「やらなければいけない」ことに溢れています。

期限のある仕事、上司から頼まれた指示、お客さんに要望されたこと、自分が立てた目標、収入を稼ぐためにどうしてもやらなきゃならないこと……。

これらは必ずしも、「やりたいこと」ではありません。

自分が立てた目標ならば、それは「やりたいこと」ではないのか？

実はそうではないのです。

何気なく「今年は時間管理ができるようになるぞ」とか、「売上げいくらを目指すぞ」とか、私たちは目標を立てます。

でも、その目標が自分の願望をそのまま表現しているわけではありません。目標として実現したいことは、結果的に手に入る「快適な毎日」だったり「社内での評価」だったりするのです。

たとえば仕事のスピードが上がり、決めた時間にすべてが終了するけれど、その代わり一切の休息はなくなり、機械のように黙々と作業するような状態になることを別に誰も望んではいません。

では、「やりたいこと」とは何なのか？

本当に「やりたいこと」をしているのならば、じつは私たちは「やるぞ！」なんて気合いを入れなくても、自然に「努力している状態」になっているのです。

無我夢中になり、気づいたら、いつのまにか時間が過ぎるのを忘れていた……そんな状態ですね。

仕事でそんな経験をしたことがない？　ならば仕事以外ではどうでしょう？

たとえばお気に入りのアーティストの動画をYouTubeで調べていた。気づいたら午前二時を回っていた……。

そんなのは仕事と関係ない？　でも、やっていることは先方の会社の情報収集とか、資料集めとそれほど変わっていないのではないですか？

ようはムリに**「やらなければいけないこと」を「やれる」ようにするのでなく、それが「やりたいこと」になってしまえば、いつのまにか私たちはそこに向けて邁進しているのです。**

それは自分に暗示をかけたり、切羽つまった気持ちになったり、鼻の先に人参をぶらさげたりするより、持続性も高いし、ストレスもないように思います。

でも、そんなことができるのでしょうか？

あなたもやったはず、「やらなければいけない」を努力する工夫

やらなくちゃいけないことを、やりたいことに変える……案外と私たちは、そういうことをやってきたのではないかという気がします。

それは社会人になった現在から、ずっと過去をさかのぼってみればいいのです。たとえば受験勉強のとき、「できるだけ楽しく勉強をしよう」と、さまざまな知恵を働かせたことはなかったでしょうか？

かつて私は現役東大生で家庭教師として成功している女性と協力して、「暗記術」の本をつくったことがあります。

その「受験生に大人気の暗記法」とは、いかに覚えることを「楽しんでしまうか」ということでした。公式や英単語、歴史の年号の語呂合わせをギャグにしてしまったり、想像力を膨らませて歴史の流れから勝手な物語を創作してしまったり、教科書に落書きをしてしまったりと、

かなり型破りの方法でした。

こうした方法には、覚えるときのとっかかりをつくり、脳に記憶が定着しやすくするという効果ももちろんあります。ただそれだけでなく、勉強を「苦痛」から「楽しめるもの」に変えることで、持続的に取り組めるようにする効果もあるのです。

思い起こせば、私もやりました。ボードゲームに駒を並べ、暗記カードを出して、答えられたら自分の駒を、ミスしたら敵の駒を動かしたり……。

漫画を使って勉強するとか、いまならゲームのようなソフトで勉強するとか、これも一種の本来ならやる気のでない勉強を、楽しみを導入することで「やる気の出るもの」に変換しているわけです。

もっと言えば、子どもの「遊び」自体も、楽しいものであると同時に、元来は大人になるために必要なことを学ぶプロセスになっています。

それは「○○ごっこ」のようなものが代表的で、いま考えると「何が楽しかったのだろう？」と思うのですが、ようは大人の生活をシミュレーションしているわけです。他にも集団生活を学んだり、ルールを学んだり。子どもの遊びには、楽しむだけでなく、社会生活に必要なことを学んでいくプロセスが含まれている……。

人間だけでなく、これは動物の世界でも同じこと。

ライオンの子どもはよくじゃれ合って遊んでいますが、やはり狩りをする前の予行演習もしているわけです。だから遊んでいながら爪も立て、お互いに傷だらけになっていたりします。

これらは大人になるために、確実に学んでいかなければいけないこと。

勉強も同じで、やはり高校に行き、大学に行くためには、やる気がなくても勉強をしなければ仕方がない。

つまりは押し付けられる仕事と同じで、「やらなければいけない」ことになるわけです。

それでも私たちは自分の成長のため、あるいは将来のために、無意識にでも、それらを避けることのできないものとして受け入れてきた。

しかも「何時になれば終了」といった類いのことでなく、二四時間その必然性はつきまとう……。

だから「楽しんでやる」ものに変え、「やらなければいけない」ことを、「やりたいこと」に変える工夫をしてきたのです。

仕事に対する「固定観念」を外してしまう

ならばなぜ大人になり、対象が「仕事」ということになると、私たちはそれをしなくなるのでしょう？

仕事は義務だから？

苦痛を受け入れなければ、仕方のないものだから？

就業後や休日に楽しめば、それでいいから？

むしろ、そうした思考が固定観念になっているから、「仕事を楽しもうとする工夫」が生まれてこなくなっているのではないでしょうか？

もちろん、そう思って満足して仕事をしているのならいいのです。でも、不満が起こり、やる気が出なくなり、結局ずるずると変わらない仕事生活をストレスを抱えて送っているのならば、それはもったいないという気がします。

考えてほしいのは、**とくに仕事における「やらなければならない」は、本当にあなた自身が決めたのか？　ということです。**

●仕事として決まっていることだから「やらなければいけない」
●他の人から求められているから「やらなければいけない」
●みんながやっていることだから「やらなければならない」

結局は自分以外のどこかに「やる理由」を任せてしまっている。もともとが自分の望むことでないとすれば、やる気が起こらなかったり、ストレスが生まれるのも当然でしょう。

心理学者のアル・シルバート博士は、『凹まない人の秘密』（ディスカヴァー・トゥエンティワン）という本で、「人生をコントロールするのはいつも自分だ」という信念を持つ人と、「人生を他人にコントロールされている」と信じている人の二分類を行なっています。

もともとこの分類は六〇年代のアメリカで、「自発的にベトナム戦争に反対する人」を調査することでわかったパターンだとか。自分から反戦運動を起こしたのは、明らかに「人生をコントロールするのはいつも自分だ」という確信を持っている人だったようです。

問題は困難に対応し、解決策を自ら発見していく人は、明らかに「自分コントロール型」の思考を持っている人だということ。「他人コントロール型」の人は、どうしても困難がふりかかったのを他人の責任にし、その解決策も他人が提示してくれるのに頼ってしまう。だから逆境を乗り越えられない状況に陥ってしまうわけです。

あなたの「やらなければいけない」が、結局、他人がつくったものであるとしたら、それが失われたら一体どうなってしまうのでしょう？

- いま仕事として決まっていることが、もう通用しなくなってしまった……
- その努力が、他人に求められていないことがわかってしまった……
- だからみんなが努力を放棄している……

怖いことなんですが、この変化の激しい現代、いくらでも起こりそうなことではありますよね？

本当はそんなときこそ、「やらなければいけない」とき。

でも、やる気は誰もつくってはくれない。やはり「やりたい気持ち」を自分でつくれる人でないと、いまの時代を乗り切ってはいけないのです。

仕事を「自分のものにする」発想

かつてヤマト運輸で、「宅急便」という事業を考えた伝説的経営者、小倉昌男さんという人がいます。

小倉さんは『(新装版)「なんでだろう」から仕事は始まる！』（ＰＨＰ研究所）という本を書いているのですが、そこで述べられているのは、自分の仕事のなかに「なんでだろう」という疑問に気づくようにしていけば、そこから自分の追いかけるテーマが見つかり、仕事に対して意欲的に面白く取り組めるようになっていくということです。

逆に疑問が生まれてこないのは、その仕事が「自分のもの」になっていないからと、小倉さんは言います。他人に与えられたものの枠を越えていないということです。

どんな仕事もさまざまな要素を持っています。

たとえば取引先のところまで行って、商品を納入するのが仕事だ。「それだけが自分の仕事だ」という枠を突破できなければ、取引先と会社を往復するだけで「つまんないことをやっているな」という思いから抜け出せないかもしれません。

けれども、じつは「自分のもの」として実行できる仕事は、「それだけ」ではないのです。取引先ができるだけ喜ぶようにして関係強化をはかることもできる。納入の仕方を改善していくことによって、業務の効率化を目指すこともできる。納入先で聞いた情報を参考にして、それらを新商品開発に生かすこともできます。

そうしたことのどこかに、「やりたい気持ち」を見つけていけば、自分の仕事全体も大きく変わっていくはずです。

章のはじめに紹介した男性の成功も、まさにそういうことでした。ストレスを運動によって発散し、サークルをつくって人間関係を広げ、勉強をして自分を高め、音楽で感性を磨き……ということは、多かれ少なかれ仕事にも必要な要素ではあったわけです。

ただ目の前の「やらなければいけない」と自分が課していることに一途になっているばかりで、いままではそれが見えていなかった。

「やりたいこと」を優先していくことによって、逆に「やらなくちゃいけない」と思っていたものに対しても、もっと楽に取り組めるようになったということなのです。

そもそも「やる気」というのは、脳のなかの「前頭連合野」と呼ばれる部分が、「その行為は自分にとって必要だ」と認識したとき、「即座核」という部分が脳の各部位に「活動せよ」という指示を出して生まれるそうです（大木幸介『やる気を生む脳科学』講談社ブルーバックス）。だから嫌いなこととか、「自分にとって必要でないと思われること」をがんばろうとすることと自体が土台は無理な話。

たとえば嫌いな科目を勉強するときは、まず好きな科目をやってしまって、気分が乗ってきた状態で嫌いな科目に移れ……ということを先の大木先生は述べています。これは仕事にも応用できそうです。

ただ、結局は強制されている仕事、やりたくない仕事、それでも「やらなくちゃいけない」という仕事を、私たちはもとから「できる」ようにはなっていないのです。

どこかで考え方なり、取り組み方を変えていかねばなりません。

経済の専門家であり、青山学院大学教授として活躍されている榊原英資さんは、やはり「締め切り」をもうけて自分を駆り立てたり、報酬を理由にやることは、知的生産性が落ちるという点で望ましくはないと述べています。

そのうえで言っているのは、「いかにその仕事に興味を持って、時間を忘れるくらい集中するか、ということを考えることが重要だ」ということ（『どうすれば「最高の仕事」ができるか』三笠書房）。

もともと榊原さんは元大蔵省の役人でしたので、気が乗らない仕事を押し付けられることはいくらでもあったそうです。そのとき実践したのは、次の三つのようなことだったといいます。

1．自分なりの新しいアイデアを付け加える
2．指示されたやり方とは違うやり方を考える
3．人一倍速いスピードで処理する方法を考える

成功したエグゼクティブにも、若いときに会社や上司に逆らって自分のやり方を貫いてしまったという人は大勢います。かのジャック・ウェルチなど、それでGEを辞める寸前までいったとか。

「やらなければいけない」仕事は、確かにあるかもしれない。

しかし、**やり方はあなたの自由なのです。**

まずは、「やらなければいけない」を頭から排除してしまうこと。そして自分の考え方をもっと柔軟にすることです。

5章まとめ

1. やりたいことをしている限り、ストレスは溜まらない。溜まるのは「やらなくちゃいけないこと」をやっているから
2. 世のやる気を出す方法は、「やらなければいけないこと」をやる手段であって、本質的な解決にならない
3. 「やらなければいけない」を、どうにかして「やりたい」に変えよう！
4. 仕事を「やらなければいけない理由」はすべて捨ててしまおう！
5. 自分がやり続けていることに、もっと注目してみよう！

スイッチ6

初心を取り戻す

……「どうせいまさら、できない」を乗り越える

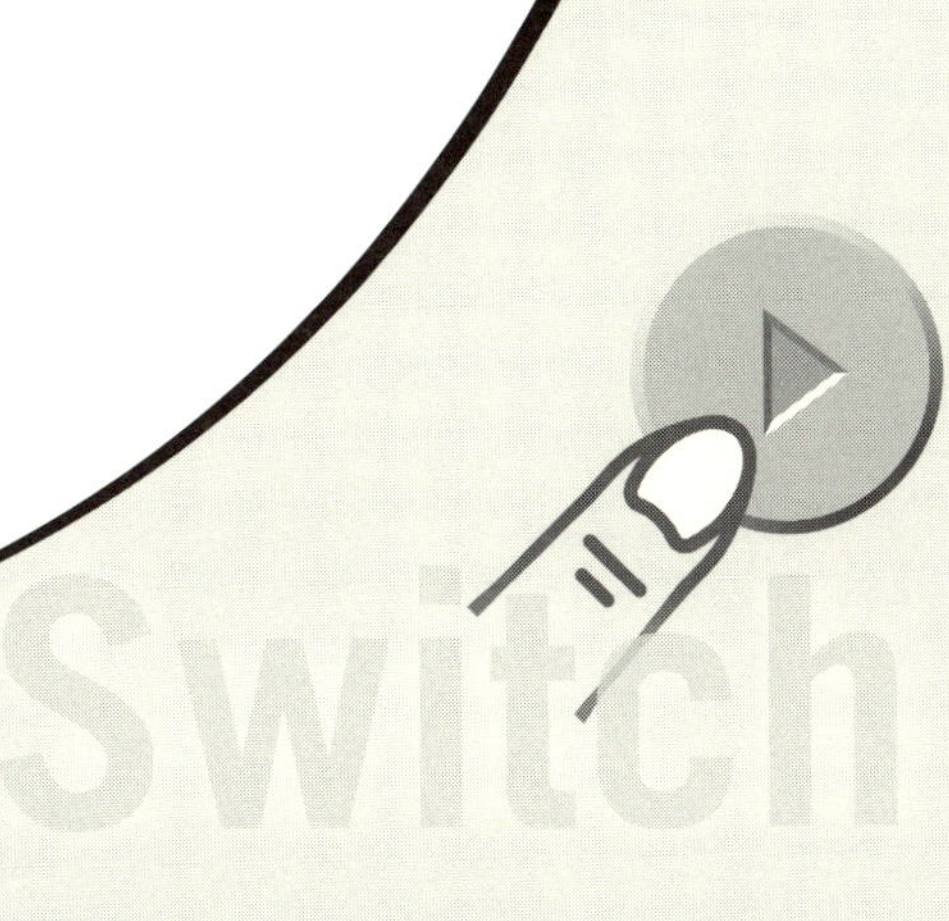

「やりたいテーマ」が見つかった瞬間

社会起業家……として活躍されている、知人の話をしましょう。

現在、彼女は児童養護施設の子どもたちの自立支援をするNPOの代表として活躍していま す。児童養護施設の子どもたちの進学、就職には、社会的にもまだ充分にケアが行き届いていない現状。

そんななか、彼女のNPOの支援で、多くの子どもが大学に行く機会、通常の会社で働ける機会を得ることができています。

でも彼女は、もともとは通常の会社で働いていて、しかも成績優秀の社員だったようなのです。ところが結婚や出産を機会に、会社は一線の仕事から彼女を外してしまう……。

まだまだバリバリ働きたいと思っている彼女は、先の人生を悩みます。

確かに、専業主婦になるという選択肢もある。ただ、仕事と家庭を両立させ、公私ともに幸福に満たされる生活が自分の夢でした。

それならばと、思い切って彼女は留学してMBAを取得することを決意するのです。「子連れ留学」を前提に勉強を始めました。

そこでまずはＭＢＡを目指すセミナーで勉強を始めます。このとき課題で「児童養護施設を活性化するプロジェクト」というテーマを与えられたのです。

アイデアを練って最後は企画提案書をつくり上げるのですが、背景を知らない彼女は、まずは児童養護施設を取材することから始めました。

そして児童養護施設の、さまざまな問題を知ってしまったのです。

高校を出ると、多くの子どもたちが施設を卒業していきます。そのなかにはもっと勉強したいという子も多いけれど、大学へ行く学費はないから、そのまま就職することになる。結果、仕事においてはずっと不利な立場を強いられます。

なら、一体どうしたらいいのか？

さんざん考えた末、企業が協力し合って奨学金を援助するような案を彼女は「セミナー課題」として提出しました。

その案は、多くの問題を解決するかもしれない。彼女は手応えを感じます。

「よく、できているじゃないか。じゃあ次の課題を出そう」

「…………」

当然ですよね。もとがセミナーの課題に過ぎないのです。いくらいい案をつくっても、実行するためのものではありません。

児童養護施設のことは忘れ、ＭＢＡをとるために次の課題を勉強を考えていくのが、自分が臨むべきステップでした。

でも、「それはおかしい」と思ったのです。

いま自分は人生にわたって取り組むべき、大きなテーマを発見したのだと思う。そこに挑まなくて、どうするんだろう？

ＭＢＡをとったからといって、何か自分にやるべきことが見つかるのか？

そこで留学のために貯めた資金を全部使って、ＮＰＯを立ち上げたわけです。実行しようとしたのは、このときつくったプロジェクト……。

むろん、それはパーフェクトにできたわけではありません。それでも自分が掲げた問題に向かって、現在も真剣に取り組んでいるということでした。

世の中に「やる意義のない仕事」なんてない

この女性のように**自分なりの「やりたいテーマ」を見つければ、あとは自然とそれに向かって邁進していくマインドがつくられます。**

しかも、**満足しながら……まさに理想的な「できる思考」です。**

皆さんも、どこかで次のような話を聞いたことがあるのではないかと思います。

ピラミッドに石を運んでいる労働者たちがいる。なぜこの暑いなか、そんな大きい石をがんばって運んでいるのか？　疑問に思った旅人が、質問します。

一人の労働者は、こう答える。

「王の命令だから仕方ないだろ。まったくイヤになっちゃうよな」

もう一人は、こう答える。

「辛いけど、この仕事の給料で家族が養えるんだ。それならば耐えられるさ」

最後に質問された一人は、こう答えます。

「いや、この仕事で人類史上に残る偉大な建造物が生まれるんだ。すごいことだと思わないかい？」

誰が一番、仕事を、あるいは人生を楽しんでいるか？　言うまでもなく、最後の労働者になりますよね。

それでも考えてみれば、三人ともやっていることは同じなのです。ただ意識の置きどころが違っているだけ。その差が「やらなければならない仕事」と「やりたい仕事」の違いになっているのですが、仕事を続けていくなかで、この差はどんどん広がっていくような気がします。

でも、自分の仕事はそんな人類史上に残るものじゃないって？　むろんそこまで言うとオーバーでしょうが、世の中に、世界に、人類に、貢献していない仕事というのはありません。

たとえば私は、「登竜門」という、各分野のプロフェッショナルの方が先生役となり、子どもたちにプロ体験をしてもらうことで、仕事の意義を感じ取ってもらう活動に参加しています。

先日は「獣医の体験を子どもたちにしてもらう」ということで、静岡県で動物病院を経営している院長さんにお会いしてきました。

獣医さんと言えば、動物たちに関わって、そのケアをする仕事。もしペット好きの方であれば、ふだんの仕事に不満を持つ人でも、「そういう仕事ならやれるのではないか」と感じるかもしれません。

でも、動物たちは別に病気を治したところで「ありがとう」と言ってくれるわけではないし、引っ掻かれたりもすれば、嚙まれることもあるのです。

思うより大変な仕事ですよ……と、当人は苦笑していました。

では、どうしてやり続けられるのか？

獣医さんは飼い主が置いたまま逃げてしまって、いまや医院のペットになっている猫をつれてきて、私に聴診器を貸してくださいます。そしてその先を、猫の心臓部にかざす。

「聴いてみてください」

聞こえてきたのは、人間のものとは少し違っているけれど、やはり逞しく響く心臓の鼓動でした。

「命が大切なのは、人間も動物も変わりませんから！」

こういうのが「仕事の意義」なんですね。「命を守るため」と自分のテーマを決めれば、やはり困難な状況があっても自然にがんばれてしまう。

それは私たちがやっているどんな仕事も、同じだと思います。たくさんの仕事が、究極的には命を快適にし、豊かにし、幸福にすることにかかっている。間接的だろうが、そのことにまったく変わりはありません。

そう考えたら、世の中に「やるべき意義のない仕事」なんて、ないはずなのです。

あなたが追い求めたものは何だったのか？

スターバックスといえば、知らない人はおそらくいないでしょう。東京では駅周辺に店がない、ということはほとんどない。世界で一番成功しているコーヒーショップといっても、間違いないのではないでしょうか。

けれども二〇〇六年くらいから、そのスターバックスは経営不振に陥ります。アメリカの経済不況の影響もあるでしょうし、シェアの拡大とともにブランド力が落ちてしまっていることも原因にはありました。

そこで二〇〇八年、同社のCEOに復活したこの会社の育ての親、ハワード・シュルツが行なったことは何だったか？

アメリカの七一〇〇の店舗を一時閉鎖し、店内で社員全員に、一枚のDVDを観るように指示したのです。そのDVDとは、ごくごく普通のもの。本社のシアトルでエキスパートがつくった、「エスプレッソのつくり方の基本」を撮影した短いものでした（『スターバックス再生物語』徳間書店）。

でも、その通り基本に忠実で、完璧なエスプレッソを七一〇〇店の店員がきちんと実現できていたのか？

スターバックスという会社が世に存在する理由は、「美味しいコーヒーをお客さんに提供する」ため、そのことによって快適な時間を味わってもらうことです。だから「コーヒーの煎れ方」などというのは、もっともこだわるべきポイントになります。

まず、それを思い出そう。そして現在、理想とするレベルに届いていない部分があるのならば、いまからでも遅くないから技術を回復しよう。そして原点に戻って、みんなで一致した思いでがんばろう……。

そんなメッセージを、ハワード・シュルツは発信したかったのだと思います。それが会社にとって目標にしてほしいことであり、逆に言えば、そういうことを目標にしている人に、スターバックスでは「働いてほしい」と思っているわけです。

原点に返ってみる、あるいは仕事の本質的なことを忘れないようにする……これはとても重要なことだと思います。

私の家の近くに有名な医科大学とその付属病院がありますが、先日前を通ったら、大学生たちの数グループが手分けして〝車いす〟を押している風景に出くわしました。いすに座っているのも、どうやら同じ医大生のようです。

何でも「車いす研修」というものだそうで、自分が対峙する患者さんがどんな環境で生活しているのか、あるいはどんな苦労を味わっているのかを、体験することで理解するものだそうです。

そういう体験をすることによって、相手の気持ちを知るとともに、医者という仕事の意義も再確認するのでしょう。同じことを製薬会社などでも、研修として実施しているところがあると聞きます。

さすがに「コーヒーが嫌いだし、誰にも飲んでほしくない」と思っているのに、スターバックスで働きたいと思う人はいないと思います。苦痛を感じている患者さんを回復させることに興味がないのに、医者をやっているという人もいないと思います。

同じことは、どんな仕事にも言えることでしょう。

自動車会社で働いている人ならば、「自動車が好き」とか「みんなに自動車に乗ってもらいたい」という気持ちが多かれ少なかれあるのでしょうし、お菓子会社で働いている人に「俺は辛党なんだ、あんなもの不味くて食えるか」という方も少ないと思います。

そうした「原点の気持ち」に遡れば、いま目の前の仕事には、「世の中に対して自分が貢献したいこと」を含んでいるはずなのです。

たとえそのかかわり方が間接的ではあっても、無意味で、どうでもいいものではないはずです。

そういう気持ちには戻れないものでしょうか？

仕事を否定するのは「自分自身」を否定すること

もちろん、「この会社で、こういうことがしたい」と大きな理想を掲げて、憧れの会社で働いている人……なんてそう多くはないのかもしれません。

業種にしろ、場合によっては働いている業界ですら、当初自分が望んでいたものとは違う人だって多いでしょう。

実際、入る会社にしろ、携わる仕事にしろ、私たちが現在やっていることは「たまたまの縁」ということがほとんどなのです。私は「作家」という、たいていは珍しがられる仕事を選んでいますが、それですら、仕事に就くには偶然の要素が多々ありました。

けれども、やはり自分の仕事は自分で選んでいるのです。

そして選んだ仕事を、二年、三年、四年……とやってきた。その労力や費やした時間は、すべて会社が世の中に提供している商品やサービスに変換されているのです。経理や総務といった社員のバックアップをする部署だとしても、そのことに変わりはないでしょう。

それに対して「興味がない」とか、「意味がない」と言っているのならば、それは自分自身を否定しているのと同じ。少し可哀想にすら思えてきます。

確かに会社そのものの人間関係などを見れば、それは自分にとって不快なものかもしれない。いま目の前の仕事を見れば、その仕事はやる気のなかなか出ないものかもしれない。

でも、自分自身がいままで取り組み、成し遂げたことを思い起こせば、それは必ずしも後悔させるような記憶ではない。もっと自信や誇りを持っていいはずのものなのではないでしょうか。

たとえば先日、某医薬品会社の方とお話をしました。その会社では、誰でも知っている有名な虫さされの薬をつくっています。ただ本人は仕事がイヤで、「働きにくい会社なんです。早く会社を辞めたいなあ～」なんてことを言っていたのです。

「なるほど、そういう会社なんですか。確かにその商品より、あっちの会社の商品のほうがよく使うかなあ……」

そもそも自分が会社の批判をしていたのだから、いいじゃない……と思ったのですが、そこから大反撃です。

「いや、あそこの商品はそんなによくないですよ。あれと比べたら、うちのは断然いいですよ！」

「そもそもうちの商品はこんな成分を使っていて、何十年の歴史があるし……。全然、よそのとは違うんですよ」

あれ、辞めたい会社なんじゃなかったの？　……なんですが、そういう気持ちはわかりますよね。

組織を批判するのは許せるかもしれない。上司をけなすのは許せるかもしれない。

でも、会社が世の中に対して行なっていることを批判するのは、自分自身が仕事にかかわってきた長い時間をも否定することになるから、やはり「ちょっと待って」という気持ちになるのが当然なのです。

自分を肯定する本能に任せましょう

たとえば一人の男性に、雰囲気の似た二人の女性の写真をさりげなく見せて、「どちらが魅力的か？」と聞く。「こちらの女性ですね」と相手に渡すのですが、じつはこの人が凄腕のマジシャンで、瞬時に写真を入れ替えるのです。

すると受け取った男性は、どう反応するか？

八〇パーセントの男性は、すり替わったことに気がつかないそうです。

しかも、そのあとで、「どうしてその女性を選んだのですか？」と聞いてみる。

「こっちの女性のほうが明るい感じがする」とか、「付けているイアリングが気に入った」と。ようするに、みんな選んだほうと違う写真を渡されているのに、その写真を見て選んだ理由を説明しだすそうなのです。

別に男性の優柔不断を裏付けているのではありません。この心理実験を紹介している脳の専門家、池谷裕二博士は、脳には「自分の選択は正しかったのだと、自分を正当化する機能がある」ということを説明します（『脳はなにかと言い訳する』祥伝社）。

どうしてかといえば、**自分を肯定し、自己崩壊するのを避けるため。もっと言えば、そのほうが幸福に生きるために都合がいいからです。**

ならば、自分が最初に思っていた理想の会社に入社できなかった……という場合はどうなるのか？

やっぱり私たちは、「その会社で働くことを肯定化する材料」を探し出すのです。

仕事はキツい。でもその結果、喜んでくれるお客さんがいる……。

上司とは合わない。でも、自分の仕事は世の中に役立っている……。

それは「働きがい」となり、「自分が努力するための理由づけ」になる。だから私たちは、仕事をやり続けていくことができるのだと思います。

ところが、そんな「肯定化」を否定するような材料も、たえず私たちには降り注ぎます。

向こうの会社では、もっと楽に仕事をしているぞ……。

自分の仕事なんて、別にちっぽけなものじゃない……？

すると「努力の根拠」は崩れてしまう。働く理由もなくなり、「仕事をする意味がない」になってしまう。

年次を重ね、「喜んでくれるお客さんがいる」とか「世の中に役立っている」という感動が薄れれば薄れるほど、否定材料のほうの比重は高まっていくでしょう。

むろん、もっと自分が望む仕事があるなら、新しい方向性を模索してもいい。もっと違う仕事で世の中に貢献することを考えてもいい。

でも、それは目の前の仕事を続ける過程で、「もっとこうしたことをやってみたい」というテーマを見出せて、はじめて実現できることなのです。冒頭で紹介した社会起業家の女性も、まさにそうした例でした。

テーマを見つける前に、「やりたくない」が優先されると、結局は「逃げる」か「諦めるか」しか選択肢はなくなります。人間の脳は、それを避けるからこそ「自己肯定」をうながすのですが、その肯定を別の根拠づけで打ち消しているのです。

それでは「幸福な生き方」を目指すことすら、難しくなってしまうのではないでしょうか。

なぜ新人のころは「精一杯の力」を仕事に注ぐことができたのか？

いまより二〇年くらい昔の話。私は出版社というよりむしろ〝印刷会社〟なのですが、役所や公共機関の刊行物を編集・制作するような会社に入社しました。

もちろん、そんな特殊な本なのですから、それまでの人生で読んだことなどありません。存在を仮に知ったとしても、果たして入社する前に興味を持ったかといえば、微妙なところだと思います。

けれども、いざ自分がその制作に携わり、そこに関係する多くの人たちやまた読者さんの存在を実感すると、できるだけいいものをつくろうと考えだすのです。

うるさい上司や堅苦しい会社にぶつぶつ文句を言いながらも、目の前の仕事をなんとかしようと試行錯誤していました。

同じようなことは、私に限らず、誰にでも起こったのだと思います。

とくに新人のころというのは、まだ右も左もわかりません。

そりゃあ世の中には活躍している人はたくさんいるし、いい会社もたくさんあることはわかる。けれども自分はまだ目の前の仕事のイロハもわかってないし、ようやくわかった「こういうことに自分は携わるようになるのだ」に精一杯対処するしかない。

ところが「こういうことに自分は携わるようになるのだ」の感動も、時間が過ぎ、年次を重ねれば、「当たり前のこと」になっていきます。

喜んでくれるお客さんはいるのでしょうし、世の中に対する貢献度はむしろ上がっているのです。ただ、感覚が当たり前になっているから、それがモチベーションにはつながらない……。

新人のころは、「一人前のことができるようになる」という達成レベルがハッキリしていました。ところが仕事に熟達すると、そうした成長確認も自覚できなくなってくる。

それでも出世する、収入が上がる……と、わかりやすいご褒美を会社がすぐ与えてくればいいのですが、いまの時代それが難しくなっている。だとすると「仕事をする理由」は希薄になっていきますよね。

けれども、**当初の「働くことを肯定化する材料」に戻れば、いくらでも「もっとやりたいこと」は出てくるはずなのです。**

私だって、「公共機関の刊行物を編集・制作」を精一杯にやってみた。その精一杯があったからこそ、「書店で売る本をつくってみたい」という新しい意欲が生まれてきた。もっと言えば「書店で売る本を精一杯つくってきた」から、「自分で書いてみたい」という新しい「やりたい」が出てきた。

続けていくことの連鎖のなかで出てきた「やりたい」からだからこそ、見知らぬ世界へ憧れているだけでなく、「自分が身につけてきたことプラスアルファ」で実現できたのだと思います。


誰しもそのように自分を成長させていくものなのだと思います。章の最初に紹介した女性だって、最初の仕事を精一杯やり、MBAの勉強を精一杯やり、与えられた課題の解決を精一杯やるから、「その次に自分のやりたいこと」が見えてきた。

結局、仕事をずっと楽しんでいきたいなら、「精一杯やることの連鎖」のなかで「次に挑みたいこと」を見つけながら進んでいくしかないのです。

これは仕事を変えろとか、会社を変えろという話ではありません。

実際、世の中は絶えず変わっているし、お客さんのニーズだって、提供する商品やサービスだって、会社の業務だって、目まぐるしく変わっているはずなのです。だから新しい「やりたいこと」を模索し続ければ、次々と見つかっていくはず。

精一杯やることを停止してしまったら、この連鎖は起こらなくなってしまいます。

部下の要望を聞く会社が伸びていく理由

他人を精一杯の気持ちで仕事に向かわせるには、どうしたらいいか……？

たとえば上司にとって、部下のモチベーションを上げるのは重要なことでしょう。だからこそコーチングのようなテクニックが人気を集めたりします。

ある外資系企業の経営者を経験した方は、「マネジャーの役はそれだけでいいくらいだ」と語っていました。何より重視していたのは、個人個人と密にコミュニケーションをとり、それぞれが希望することを、できるだけ叶えてあげるようにすることだったそうです。

そんなふうに社員の自由に任せてしまったら、勝手なことを言い出すヤツばかりで会社が無茶苦茶になってしまわないか……？

けれども「日本一働きたい会社」を目指しているという企業も、同じような方針でマネジメントをしているようです。

その会社、「HOME'S」という不動産サイトを運営している「ネクスト」という会社ですが、社長の井上高志さんは「部下に対しては、『やりたいようにやってみなさい』という姿勢を示すことで、内発的動機に火を点けることが大事」と説きます（「Ｔｈｅ21」ＰＨＰ研究所、２０

12年2月号)。

それでは無理な要望ばかりが出てくるのではないかと思いきや、会社の仕事を理解している部下であれば、目的を逸脱するような要望など出てこない。

逆に組織の目標に反するような要望が出てくるのであれば、それは上司のふだんからのコミュニケーションに問題があるのだ、ということです。

つまり、「精一杯やる」ということを無理にさせることは誰にもできない。脅しても、欲でつっても、最終的にモチベーションは下がってしまう。

だから、本人に探してもらうのが一番なんだ、ということなのでしょう。

もちろん、自分の会社はそんなふうに「自分のやりたいこと」を優先してくれない……という方が多いかもしれません。

でも、会社が認めないから「できない」というのは、本書で述べてきたことからすれば本来はおかしな話。本当は「やりたい」ことであれば、勝手にあなたの心がそれを選択し、行動がうながされているはず……。

そんなことはない?

ならば先のように新人のころを思い出してみてください。仕事を頼まれたけど、どうもやり方がよくわからない。そこで隣の先輩のやり方を、じーっと見て、真似てみる……。

このとき、あなたは「できるようにしたい」と行動していますよね。

ニュースを見ていたら、たまたま自分が仕事をしている業界のことをやっていた。思わずテレビに食いつき、じーっと眺めてしまった……。

こんな場合だって、やっぱり「できるようにしたい」という判断の上での行動でしょう。

お客さんとのコミュニケーションがうまくいかない日があった。帰りに書店によったら、いま一番売れている本のコーナーに話し方の本が陳列されている。思わず手に取り購入してしまった……。

そんな場合なら、間違いなくあなたは「できるようにしたい」と思っているはず。それを認めるのであれば、なぜあなたは本書を手に取り、しかも現在の161ページまで読み進めているのか……？

やっぱり「できるようにしたい」が起こっているわけです。

ようはこうしたことを、どんどん起こしていけばいい。**それには自分の仕事の枠や、「これをしなくてはいけない」の枠を踏み出し、積極的に精一杯にやれることを発見するように動き出すことが重要でしょう。**

ただそれらは、あくまでの一つのきっかけに過ぎません。

どんなに動き出せそうな瞬間があっても、会社に行き「また、つまらない仕事か……」などと、意欲を放棄した時点で、動き出した心も止まってしまいます。

だから意欲のもとを見つけたら、とにかくそこに向けた行動を持続できるような、自分の仕事の変更をすることが必要になる。

ときには自分が目標と考えていたことを修正したり、ふだんの仕事と相反することも私は必要になるとさえ思っています。

章のはじめに紹介した女性が、ＭＢＡを断念したようにですね。

けれども、人生のなかで何かに向けて突っ走ることは、自分にとって重要な転機になる場合も少なくありません。一体どうすれば、そういうことが可能になるのか？

次章で考えてみましょう。

6章まとめ

1 「やりたいテーマ」を見つければ、あとは自然とそれに向かって邁進していくマインドがつくられる

2 世の中に「やるべき意義のない仕事」なんて、ない

3 原点にさかのぼれば、「仕事で実現したかったこと」は誰にでもあるはず

4 なぜいま、目の前の仕事をしているのか？　その根拠づけを確認してみよう！

5 自分が精一杯に取り組んでいることのなかから、「次に精一杯やりたいこと」は生まれてくる

スイッチ7

「いちばん大事なこと」に集中する

……「楽しくないから、できない」を乗り越える

六〇代から経営者になった主婦の話

六〇歳を過ぎてから経営者になってしまった……という、ある女性の話を紹介しましょう。

彼女は宮崎県で、ごく普通の主婦として暮らしていました。

結婚してからも女性が働くのはむしろ珍しい時代。しかも働き口もそう多くない地方。だいたい彼女は消極的で無口な性格、会社に行って仕事をすることも苦痛で仕方がないような状態でした。

だから専業主婦として家に落ち着き、子どもを育てていけばいいんだ……と、ごく当たり前のように思っていたのです。

ところが男の子を一人産み、もう一人女の子を出産すると同時に、彼女は大病を患ってしまったのです。

それは「医師として手のほどこしようがない」とお医者さんに言われたほどの病気で、生まれた子は乳児院へ、上のお子さんは実家へ、夫が家に残ってという一家離散の状態になってしまいます。なんとか二か月後に病気は回復し、家族は元に戻ったのですが、後遺症がおさまらず苦痛を抱える毎日を過ごしました。

ところが医者が匙を投げたにもかかわらず、彼女は健康を取り戻したのです。それはたまたまテレビで見た健康食品をずっと試すようになってから。たまたま彼女にマッチしたのか、偶然だったのか、本当に効果があったのか。医学的なことはわかりませんが、とにかく彼女は元気を取り戻したのです。

それから十数年した後です。彼女は一枚の募集広告を発見したのです。

「販売員募集。無口な人でもかまいません」

何よりその販売する商品です。それが健康を取り戻したのと、同じ食品でした。

「自分にできるかわからない。でも、自分と同じように体調を悪くした人を、健康にすることができたらどんなにいいだろう」

もうそれがビジネスで、給料がどれくらい出るかということは、頭に浮かびません。ただ健康の伝道師になれるような気がして、彼女はまったく考えてもいなかった訪問販売の世界に六〇代を前にして飛び込んだのです。

もちろん、ほとんど仕事体験のなかったそれまで。簡単に成果が出るわけもありません。しかも「自分がこれで健康になりました」と言うだけでは、説得力にならない。だから彼女は健康医学のことなども独学で猛勉強を開始します。

その結果、いろんなことがわかりました。

商品をもっと改良すれば、より健康にいいものができる。また、同じ材料をもとにして、別な商品が生まれる可能性もある。

もちろん属していた会社は、そんな商品開発をするより、いまあるものを売ってくれればいいのです。新しい商品というのも、採算が合わなければ、やる意味はない。

ただ彼女は違います。商品を売って儲けるより、健康の伝導師になりたいのです。よりいい商品があるのに、それをお客さんに勧めないで気が済むわけもありません。

そこで何をしたかといえば、〝六〇代でずっと主婦〟というキャリアにもかかわらず、強引に起業をしてしまったのです。そのためにまた猛勉強ですが、あきらめることなどまったく考えませんでした。

そして、いまもなお彼女は起業家として活躍しています。宮崎にある小さな会社ですが、通販や会員制の販売方式で、超人気企業になっているとか。

いくつになっても遅いということはない。「できる」と思えば、不可能そうなことも実現するのだ……ということを、この例は教えてくれます。

なぜ努力している人が愛されるのか？

最近の日本人には、国際的に「あきらめの早い人」という印象が持たれているそうです。国際弁護士の方に聞いたのですが、ハーバード大のような徹底的に考えさせる一流大学の留学生で、「問題がわかりません」と放棄してしまうのは、ほとんど日本人だけなのだとか……。

ただ、やっぱり私たちは「あきらめずに努力を続ける人」が好きなのです。「できなそうなこと」に向けて孤軍奮闘し、不可能を可能にする人に憧れます。

ドラマだって、漫画だって、主役になるのは必ずそういう人なのです。「寝ているだけの人」や、ただ「周囲を傍観し、起こることを受け入れるだけの人」では物語になりません。

ファミレスの人気メニューを当てるような番組にしても、最後のメニューを当てるまで挑戦し続けるから、私たちはそれを番組として見る気になる。「二、三食食べて、じゃあ疲れたらみんな帰りましょう」と終わるような番組だったら、誰もそれを見ようとは思わないでしょう。

癒し系漫画のスヌーピーだって、周りであくせく奮闘する人がいるから、ストーリーは成り立つ。それでも「何もやらないこと」を説くのではない、リラックスして楽しむことの意義を真剣に説き続けるから愛されるキャラになっているわけです。

そもそも人間は「できないことに向けて挑戦し続ける動物」です。

というより、挑戦しない動物というのは存在できません。

現在、生き残っている動物は、意識はしていないかもしれませんが、環境の変化に対応して生き残ろうと努力することで、種を現在まで存続させてきました。

むろん、たまたま環境に天敵がいなかったから生き残った動物……というのもいるのでしょうが、それでも身の危険を感じれば必死になって逃げようとはする。ようするに真剣さは、生きるための本能のようなものでしょう。

仕事というのも、もとをたどれば、人間が生きるために営んできた活動なのです。

それこそ狩りをして獲物をとったり、野山を切り開いて、そこで作物をつくったり。労力をかけずに、それが可能だったわけがありません。

生きるためには必要だったから、当然と考えて長い人類史を一貫して私たちは、仕事を奮闘してきたわけです。

現代になって、仕事はほとんど労力を分散して、一人の力が少なくても成果が上げられる形になっています。でも、そこで「一人だけ労力をかけずにしていたほうが、効率もよく得ができるか」といえば、やはりそんな世の中にはなっていません。

結局は人一倍の力を使ったほうが、周囲からは評価されるし、大抵の場合は実際の成果も出せるようになっているわけです。

だから「努力しても損をするだけ」というのは言い訳に過ぎません。

アイツは努力していないのに評価されている……と感じるのは、実態を知らない人が勝手な理屈を立てて、自分を納得させているだけ。残念ながら、世の中はそんな簡単なものではないのです。

成果より「努力したこと自体」に価値がある

努力しても成果が出ない……。

確かにそこには「力のかけ方が悪いのだ」という議論もあるのでしょう。

ただ、そもそも私たちは成果が出せないから、実らない努力を続けます。

簡単に成果が出せるような仕事には、力をこめる必要もない。成果の出しにくいことにチャレンジするから大変なのであって、その意味で「努力が必要なことほど成果が出ない」のは当然なのです。

たとえば異業種交流会で名刺を配る。一〇〇人に配ったとして、自分の人脈に定着するのは一人いるかいないかでしょう。

「だから意味がない」として人脈づくりのようなムダを避けるか？　「いつか運命的な人に出会えるか」とがんばり続けて一人、二人と共感できる人を増やしていくか？

成果は結局、「成果の出ないこと」をどこまで続けられるかにかかってきます。

同じようなことは、他のさまざまな仕事にあてはまるのです。

「仕事を頼むに当たっていちばん相応しい会社を探そう」とすれば、できるだけたくさんの会社の仕事をチェックして最有力のものを探さなければいけません。

「ベストセラー本をつくりたい」と思ったら、それを上回るだけのたくさんの本を出さなくてはいけない。そのためには出した本の量を上回る大量の「ボツ企画書」を出し続けなくてはなりません。

ユニクロの柳内正さんはよく「一勝九敗」ということを言っていますが、それくらいの「成果の出ない努力」を覚悟しなければ、あれだけの成功は成し遂げられないということなのです。

もちろん、これは「いい・悪い」の話ではありません。ただ仕事において成長したいのならば、ある程度の「成果の出ない挑戦」は覚悟しなければなりません。

ところがビジネスでよく言われるのは、成果を出すことが肝心で、そのための労力は極力減らしたほうがいいという理屈です。

それはあくまで理想論であり、成果が欲しい側の言い分かもしれません。結果がいつも未知数である以上、実践で仕事をする私たちは、自分が使う労力自体を認めていくしかないのです。

成果というのは、結局のところ偶然も左右する一つの要素なのです。そんな偶然に期待するのでなく、ただ「やったこと」に置いてみてはいかがでしょうか？

むろん成果の出ない労力であれば、ストレスもかかるでしょう。

でも、この「ストレス」という言葉も、私たちはそれを少し誤解しているところがあります。

もともと「ストレス」という言葉は、一九三六年に有名なハンス・セリエ博士が提唱したもの。それは怒りや哀しみのような心に負荷を与えるものなのですが、それに反応し、適応していることによって「人間を成長させるもの」という位置づけになっているのです。

脳の研究者、池谷裕二博士は、『脳はなにかと言い訳する』（祥伝社）という本で、それを海馬による「記憶」との関係で説明しています。

たとえば「人前でしゃべるのが苦手」という人がいたとします。そんな人にスピーチやプレゼンをさせるのは、やはり苦痛ですよね。ストレスが確かにかかります。

けれども、がんばって場数を経験してみる。するとこのストレスを海馬が記憶していきますから、だんだんと苦痛さが減っていく。これが「慣れ」ということです。

こうして完全に慣れてしまうと、もう緊張せずに、スピーチやプレゼンができるようになる。これが人間にとっての「成長」ということです。

つまり適度なストレスは、「避けるもの」ではなく、成長するために「挑む」ものであるということなのです。

挑まない選択が、危険になってしまう

先の話を裏返すと、ストレスがイヤだ、失敗して恥をかくのがイヤだ……と、「やらない」を選択し続けることは結局、「慣れていることしか実行しない」ということですから、それでは人間は成長できないということになります。

だから「やらない」という選択は、この時代、非常に危険な面も兼ね備えていると思うのです。どうしてだかわかりますか?

それは『すぐやる化 習慣術』(永岡書店)という本でも説明しました。人間はともすると、「より親しんだ考え」や「馴染んだやり方」を選んでしまう。じつに保守的な傾向を持っているからなのです。

保守的なのはある意味、生物として当然のこと。

つまり、深海で生活する魚が「水面の世界はどうなっているんだろう。エサも多いかもしれないし、上がってみるか」とか、夜行性の動物が「昼間はどんなふうにみんな生きているんだろう。今度早起きして散歩してみるか」とやっていたら、それこそ他の動物の格好の餌食です。自然界ならばリスクを避けるために、それでいいのかもしれませんが、ビジネスの世界は必ずしもそうではありません。とくに変化の激しいいまの時代、「より親しんだ考え」や「馴染んだやり方」に固執することは逆にリスクとなる場合が少なくありません。


それはイーストマン・コダックという会社が象徴的でした。カメラのフィルムで、一時は世界を席巻していた企業。なのに経営危機を迎え、二〇一二年にはとうとう破産法を申請することにまでなってしまいます。

どうしてそうなってしまったかといえば、まさに「フィルムで大成功していたこと」が理由にあったのだと思います。

もともとデジタルカメラを開発したのもコダックだったそうですが、それでも「カメラにはフィルムが必要」という常識がある。しかもフィルムでは世界でいちばん成功している会社なのです。

「フィルムなんてこれから誰も使わなくなるから、他のことをやりましょう」と言っても、「ちょっと待てよ。デジタルは売れて来ているけれど、やっぱりカメラ好きはアナログな写真を好むだろう」という〝親しんできた考え〟がある。

「オレたちはずっとこれを売って、うまくいっていたんだぞ。それを変えてどうするんだ」という〝馴染んできたやり方〟がある。

結局、主力商品を変えたり、業態を変えることをリスクと捉えて、選択しませんでした。

コダックにとっては、「まさか」が起こってしまったのです。いまやプロのカメラマンですらデジタルカメラを使う時代。レコードやフロッピーディスクを知らない世代が増えてきているように、いずれは「フィルムを知らない人」が圧倒的多数になるでしょう。

そんな時代に「フィルムしかない会社」が生き残れるわけもありません。リスクを冒さなかったことが、結局最大のリスクになってしまいました。

一方でライバル会社だった「富士フイルム」は今も健在ですが、主力商品はプリンターだったり、液晶ディスプレイを覆うフィルムだったり、化粧品や健康食品も売っているとか。「いままでの会社のやり方」を脱却できたから、やはり生き残る企業になっているわけです。

難しいから仕事は面白い!?

「挑まない選択」が、結果、大きなリスクを背負うことになる……。

それは個人の仕事だって同じことと思います。

先日、古い知り合いのイラストレーターさんに久々にお会いしました。昔はよく書籍や雑誌に絵を描いていたのですが、ご存知のように現在の出版界というのは非常に不況。多くの同業者の方々が、けっこう苦労している状況です。

で、どうですか？　と聞けば、案外と羽振りがよかったりする。

その理由はといえば、自分のイラストをチラシや店内の装飾に使ったりして、いまは「マーケティング・アドバイザー」のような仕事を主にしているというのです。そういうことをしているプロのイラストレーターがあまりいないから、盲点でけっこう依頼が多くなっているとのこと。

これは見事な業態転換ですよね。

むろん「マーケティング・アドバイザー」となるには、やはり販売の知識が必要になる。同時にお店の人の話を聞き、的確なアドバイスをしてあげるようなコミュニケーション能力も必要になる。「絵を描いてナンボ」でやっていたイラストレーターには、新しいことへの挑戦が必要になります。

でも、そうしたストレスを乗り越えるから、自分の仕事を進化させることができているわけです。

オフィスで普通に働いていると、「新しいことに挑まずに、変わらずにいる」という選択でも、無難には生き残っていけるのかもしれません。

でも、「パソコンは苦手だけだから、がんばってマスターするようなことはしない」「人前で話すことは苦手だから、がんばって話すような努力はしない」「最近の知識を知るには勉強しなければならないけど、面倒だからやらない」で、はたして求められる社員になっていけるのか？

続々と、新しい技術をマスターし、新しい知識を備え、スキルを持った社員が会社には入ってくるのです。これはリスク以外の何ものでもありませんよね。

難しいことではありません。前章で述べたように、初心に戻ったように、「難しいこと」や「わからないこと」や「努力が必要なこと」に挑んでみればいいのです。

そうした新しいことは、必ずしも「できる」とは限らない……。

それならそれでいいではありませんか。

挑戦することそれ自体を、もっと楽しんでみればいいのです。

楽しめるわけがない……。

本当でしょうか？

たとえば「ジグソーパズル」というものに、最近、チャレンジしたことがあるでしょうか？

昔、好きだった……という人でも、社会人になってから挑戦してみる人は少ないかもしれません。ただ、私はけっこう好きで、いまでもときどき、購入してきてつくってみることがあるのです。で、確かにこれ、イライラするんです。ストレスもかかります。

メーンの絵柄の部分は案外と簡単にできたりする。ところが背景にある空だったり、海だったりという部分になると、もう同じような一色のピースばかりでわけがわからない。「これの隣がこれじゃないか」とカンでムリヤリくっつけようとするのですが、結局うまくはまらず、やり直してしまう……。

こんなことをしているうちに熱中して、気づいたらもう夜の一二時を回っている……。

我に返ると「なんで、仕事サボって、夜中までやっているんだ?」ということになるのですが、これがハマってしまう面白さ。ついついのめりこんでしまう醍醐味なのかな、などと思ってしまいます。

逆にパズルがあまりにも簡単だったら、どうなるか?

イライラもしなければ、ムカつくこともない。おそらくは夜通しやることになど、まったくならないでしょう。

でも、それが面白いかといえば、そんなことはない。やはりそれなりの難易度があるからこそ、パズルは楽しめる。

仕事にも案外と同じことが言えるのではないかと思うのです。

「本当に仕事を楽しんでいる状態」とはどんなものか？

無我夢中になって、ついつい時間が経つのを忘れてしまう……。

心理学者の世界では、そんな状態を「フロー」と呼ぶそうです。

昆虫記で有名なファーブルは、朝、学校へ「行ってきます！」と出かけたあと、通学途中でアリの行列を見つけて、「どこへ行くんだろう」とそのまま森のなかまで列についていってしまったとか。

彼を育てていたおばあちゃんが、夕方に「来てない」と学校から知らされ、慌てて探しに行くと、まだ森でアリの観察を続けている彼を見つける。

「あっ、学校行かなきゃ、じゃあこれから行くね！」

「いやもう夕暮れだって……」

こういうのは典型的な「フロー」状態であるわけです。

有名な心理学者、マーティン・セリグマン教授は、仕事こそフローを経験するのに最も適した環境にある、と述べています（『世界でひとつだけの幸せ』アスペクト）。

つまり遊びや趣味より、仕事をしているときのほうがずっと人はのめり込みやすいということ。

それは次のような条件が存在しているからです。

- ハッキリした目標とルールがある

- うまくいってもそうでなくても、フィードバックが得られる

- 集中力を刺激できる緊張感がある

- 才能や強みを発揮できる格好の難題がたくさんある

あなたにも、「いつのまにか無我夢中で続けてしまっている」ということはいくらでもあるでしょう？

それらと仕事がどう違うんだといえば、じつは明確な区別などハッキリしているわけではありません。

そうではありませんか？

「このゲームを何とかしてクリアしたい」と「いまかかわっているプロジェクトをクリアしたい」。

「あと、ひと月のうちにもう三キロダイエットしたい」と「今月中にこの企画書を何とかまと

めたい」。

どちらにもストレスはあるし、どちらにも終了したあとの達成感はある。ただ、あなたのなかにある、「遊び」と「仕事」、あるいは「プライベート」と「仕事」という区別で分けられているだけの問題です。

むろん、仕事に失敗したら怒られるかもしれない。誰かに迷惑がかかるかもしれない。でも、そんな外側の問題にとらわれず、自分の心からわき上がるものに素直に従っていけばいいのだと思います。

「チャレンジしたって意味がない」

「こんなことをやって何になるのだろう？」

そんな心のなかのバイアスで、簡単にあなたのなかにある「できる思考」は止まってしまいます。

いままで散々やってきた。それで評価されることもなかったし、仕事だってうまくいかなかった……。そのことは認めてあげていいのです。

誰かの反応に価値基準を置くのではなく、遊びやプライベートでいつもやっているように、自分の内面の無我夢中になれる気持ちにだけ従ってみる……。

そんなちょっとしたことだけで、いまよりもっと楽しくできる状態がつくれると思うのです。

そして、そんな実感こそ感じないかもしれませんが、外側から見れば明らかにそう見えるあなたの「もう一踏ん張り」が、変わらなかった環境を変えるきっかけになるかもしれません。

あなたは何に向かって挑戦しますか？

木下晴弘さんという方が『涙の数だけ大きくなれる』（フォレスト出版）という本で紹介し、YouTube などの動画でも配信され話題になっている感動話があります。それはレジ打ちの女性の、ちょっとしたショートストーリーです。

簡単に紹介すると、彼女はどこの会社に就職しても「こんな仕事、つまらない」とイヤになって退職してしまうようなことを繰り返すのです。やがて正社員として採用してくれる会社はなくなり、派遣会社に登録することになります。

派遣会社でもなかなか仕事に定着できず、職場を転々とすることが多かったのですが、やがてスーパーでレジを打つ仕事を紹介されます。いまのようにバーコードを読むような形ではなく、「キーボードで値段を打つ」ようなレジだったのですが、彼女はそれなりに力を発揮する。でも、すぐに飽きてしまったのですね。

「私はこんな単純作業のためにいるのではない」

それでも彼女は悩むようになっていたのです。どこにいっても仕事で我慢が続かない。再び辞めて、それからどうするのだろうか？

自分で自分が嫌にもなりました。

ちょうどそんな折に母親から、「故郷に帰って来たらどうか」という電話があります。彼女は決心し、仕事を辞めて、田舎に帰ってやり直そうと思いました。

そして部屋の荷物を片付け始めると、机の引き出しにあった一冊のノートに気づきます。それは彼女が高校時代に書いていた日記でした。

ペラペラめくると、自分の夢をつづったページに遭遇します。

私はピアニストになりたい……。

当時、自分はピアニストになりたくて、練習をずっとがんばっていた。そんな自分を思い出すと、何をやっていても続かなくて投げ出してしまう自分が情けなくなる。

彼女は泣きながら母親に電話をかけ、「もう少し東京でがんばる」ということを伝えたそうです。

けれども仕事に出かけると、待っているのは自分が「つまらない」と感じていたスーパーのレジ打ち。

でも、ピアノの練習を思い出した彼女は、そのときといまが似ていることに気づきました。

「私流にレジ打ちを極めてみよう」

そうしたら数日のうちにものすごいスピードでレジが打てるようになったそうです。しかもキーを見ないで。

すると、いままでキーを追うばかりで、気づかなかった風景が見えてきます。一人ひとりのお客さんの顔や、その様子。なかにはよく来るお客さんもいて、その傾向もなんとなく頭に入ってきました。

やがて彼女はお客さんに積極的に、話しかけるようになったのです。

いつもチョコレートを買いに来るお客さんがいれば、「今日はあのチョコレートが安いですよ」と言ってあげる。

安い品物ばかり買うおばあちゃんが高価な品物を購入するときなど、「今日は何かいいことがあったのですか?」と尋ねてあげる。

みな嬉しそうに答えます。

そんなことが繰り返されたある日、他の列が空いているのに、わざわざ彼女のレジのところだけ長蛇の列ができていることに気づきます。店長が「こちらの列へどうぞ」と勧めても、お客さんは動こうとしません。

「私たちはこの人と話をするのが楽しみで来ているんだ。だからこのレジに並ばせておくれよ」
それを聞いたとき、彼女は思わず泣き崩れてしまったそうです。

やがて彼女は新人教育係になり、立派なスタッフを育てていくようなった……というのが物語の結末ですが、「挑戦すること」の意味を教えてくれる素晴らしい話かなと思います。

章のはじめに紹介した六〇代の女性だって、まさにそうだったのです。「挑戦したい」と動き始めたときから、いろんなことが起こるようになり、やがて周りの世界が変わってくる……。

それは誰にだって確実に起こりえることなのだと思います。

私たちは誰しもが異なる能力を持ち、異なる感情を持ち、異なる望みを持って、毎日を生活しています。それを簡単に「自分のやりたいことはこういうことだ」と定義することはできません。

同時に周囲の人も、それによってつくられる世の中も、やはり異なる感情や異なる望みを持ってそこに存在しているのです。「自分が理想とするもの」が、ポッコリそこにあって、ピッタリ当てはまることなどあるわけがないでしょう。

大げさにいえば、**「すぐできる人になる習慣」とは、そんな世の中をこじ開け、自分に相応しい居場所をつくるような作業なのです。**難しいことでしょうが、だからこそやりがいがあるし、面白い行為になるのだと思います。

挑戦することを止めた時点で、私たちは結局、誰かがつくった場所にムリヤリ自分を押し込めて、ただ現象を受け止めていく存在になってしまう。だから意欲はなくなるし、つまらない気持ちだけが延々と続くことになってしまうのです。

あなたはいままで充分にがんばってきた。それでいいのです。

どうか、もう少し自分を認め、考えを新たにして「もう一踏ん張り」の道へ踏み出してみてください。

本書をお読みいただき、ありがとうございました。

7章まとめ

1. 誰もが潜在的に「あきらめずに努力を続ける人」を評価している
2. 「やったことのないこと」に挑戦しない限り、変化の機会は訪れない
3. 挑戦をする限り、「実らない努力」は当たり前のことと考えよう！
4. 努力の成果など関係なく、「夢中になっている瞬間」は誰にでもある
5. 「すぐできる人になる習慣」で世の中をこじ開け、自分に相応しい居場所をつくっていこう！

〔著者略歴〕 **夏川 賀央**（なつかわ・がお）

1968年（昭和43）、東京生まれ。早稲田大学第一文学部卒。大手出版社など数社を経て独立。会社経営のかたわら作家として活躍中。人材プロデューサーとして各分野の才能を発掘しつつ、ネットワークを通じた“非組織プロジェクト”で多くの企画を手がける。ビジネス作家として執筆するかたわら、プロデューサーとして本の編集・制作に携わっている。

2009年（平成21）に公私混同のネットワーク、「賀央会」を結成。2011年（平成23）には、人をつなげることによって展開される新しい電子出版サイト「賢者の書店」（http://kenjabook.jp/）を開設している。

著書は『すごい会社のすごい考え方』（講談社）、『働く「しあわせ」の見つけ方』（かんき出版）、『すぐやる化 習慣術』（永岡書店）、『図解・残業ゼロで仕事ができる人の習慣』『残業ゼロですごい成果を出す時間術』『ラクする技術』（PHP研究所）、『武士道』（新渡戸稲造著の現代日本語訳、致知出版社）など20冊以上。

賀央会サイト（できる人研究所）http://gao-kai.com/

著者エージェント：アップルシード・エージェンシー
http://www.appleseed.co.jp/

すぐ「できる人」になる習慣術

2012年9月20日　初版印刷
2012年9月30日　初版発行

Printed in Japan
ISBN978-4-490-20800-9　C0030

著　者　夏川賀央
発行者　皆木和義
印刷製本　東京リスマチック株式会社
発行所　**株式会社東京堂出版**
http://www.tokyodoshuppan.com/
〒101-0051 東京都千代田区神田神保町1-17
電話03-3233-3741 振替00130-7-270